Curso Completo de Inglés

Teach Yourself English

Habla Inglés desde la primera lección.
Nivel Cuatro avanzado.
Aprenda Inglés sin profesor hoy.

Dr. Yeral E. Ogando

Curso Completo de Inglés – Nivel Cuatro

Publicado: Christian Translation LLC
Impreso en los EE.UU
Diseño de Portada por SAL media

ISBN 13: 978-1-946249-01-2
ISBN 10: 1-946249-01-7

1. Language Learning - Aprender un Idioma.
2. English Language – Idioma Inglés

DEDICACIÓN:

Éste libro está dedicado a la Única y duradera persona que siempre ha estado ahí para mí, sin importar cuán terco soy:

DIOS

Sin Ti mi Dios, nada soy. Gracias por tu misericordia e inmerecedora Gracia.

AGRADECIMIENTOS:

Gracias a Dios por permitir que mi sueño se hiciera realidad y por darme fuerzas cuando sentí ganas de renunciar.

De no haber sido por el apoyo que he recibido a lo largo del camino de parte de éstas increíbles y sorprendentes personas, no estaría donde estoy hoy.

Gracias a mi editora, Sharon A. Lavy y a los "Diseñadores de la Portada", SAL media por haber hecho un gran trabajo ayudándome con esta obra.

Elizabeth McAchren por su excelente colaboración e ideas durante la creación de este cuarto libro de la serie. Coleman Clarke y Kathryn Ganime-Leech por su increíble trabajo en el audio.

Éste ha sido una muy larga jornada para mi familia, pero la recompensa es digna. Gracias a mi padre, Héctor y a mis hijas, Yeiris y Tiffany por permanecer a mi lado a través de éste viaje. Saben que les amo.

God bless you all
Dios les bendiga

Dr. Yeral E. Ogando
www.aprendeis.com

Table of Contents

Introducción 7
SÍMBOLOS Y ABREVIACIONES..............................8
Crime doesn't pay – El crimen no paga...........13
Crossing the border – Cruzando la frontera .25
Stepping on the gas - Acelerando 37
The weatherman - El meteorólogo 51
Visiting the bank – Visitando el banco............67
The date – La cita 81
The musical – El musical 93
Murder in the suburbs – Asesinato en los suburbios 102
Conversational Level Four – Nivel de Conversación Cuatro 115
Level Four Tests – Examenes del Nivel Cuatro 127
Grammar Summary 142
Answers to exercises – Respuestas de los ejercicios 145
Answers to Level Four Tests – Respuesta de los Examenes del Nivel Cuatro 152
Conclusión 156
BONO GRATIS 157

Introducción

He publicado este método para que puedan aprender inglés en forma rápida y eficaz.

Les pido que dediquen 20 minutos diríos al estudio del inglés sin interrupción, para que puedan concentrarse y digerir el contenido de esta obra.

Uno de los desafíos más grande del aprendizaje es ser una persona Autodidacta, en otras palabras, que aprende por cuenta propia. Se requiere mucha disciplina y dedicación en el estudio para poder lograr un buen aprendizaje. Estudiar una hora completa cada día puede hacerlos sentirse aburridos o cansados rápidamente, esta es la razón por la que les recomiendo un mínimo de 20 minutos y un máximo de 40 minutos al día para mejor aprendizaje. De este modo podrán lograr mejores resultados.

Les deseo Buena suerte en este increíble viaje al mundo del aprendizaje del idioma inglés, y recuerden, "*Hablen sin vergüenza*"

Dr. Yeral E. Ogando
www.aprendeis.com

SÍMBOLOS Y ABREVIACIONES

Audio: Indica que se necesita el Audio MP3 para esta sección. No olviden que cada oración o palabra en inglés está disponible en audio MP3.

Dialogo: Indica dialogo o texto de lectura.

Gramática: Indica la gramática o explicación de la estructura del idioma

Ejercicios: Indica las secciones para ejercicios y prácticas.

Prólogo

Muchas personas creen que "*Aprender Inglés*" es una tarea muy difícil, de modo que se pasan la vida con el deseo de Aprender Inglés, pero nunca se deciden por el miedo o tabú que se les ha inculcado, que el Inglés es muy difícil de aprender.

Estoy completamente de acuerdo con las personas que dicen que es difícil Aprender Inglés, puesto que nunca han tenido el método adecuado o la enseñanza correcta para aprenderlo. En otras palabras, siempre será difícil Aprender Inglés sino se tiene la herramienta adecuada.

No olviden que no todo el que enseña, sabe enseñar. Existen muchos profesores y muchos métodos para aprender, sin embargo, la mayoría de ellos no abordan la forma correcta para el aprendizaje del estudiante. Este método ya les ha demostrado en el tercer nivel, lo sencillo que es poder "hablar Inglés" en poco tiempo. Después de más de 10 años de experiencia y vivenciando la forma rápida del aprendizaje de mis estudiantes, pongo en sus manos este tesoro.

Les he demostrado lo fácil que es aprender este idioma usando mi método. Ya ustedes están hablando inglés, ahora necesitan alcanzar el desarrollo pleno de este último nivel.

Este curso es para enseñarles la forma correcta de Aprender Inglés, reconociendo los patrones y formas de hablar; aun podrán aprender un poco más de español en este increíble viaje.

Siempre recomiendo a mis alumnos que estudien un mínimo de 20 minutos y un máximo de 40 minutos al día. Esto les permitirá aprovechar al máximo su aprendizaje y a la vez a mantener la mente activa en el idioma. No traten de estudiar varias horas un día a la semana, porque se fatigarán y aburrirán, no llegando a sacarle provecho al aprendizaje. Es mejor un poco con calidad que mucho sin efectividad.

Recuerden que los sonidos y pronunciaciones deberán ser escuchados y aprendidos en el transcurso del curso, usando la herramienta del audio para cada sección.

PASOS PARA USAR ESTE LIBRO Y SACARLE EL MEJOR PROVECHO

Asegúrense de **DESCARGAR** el Audio del libro con las instrucciones encontradas en la página "**BONO GRATIS**" este método no tiene la pronunciación marcada o habla de la pronunciación, es **IMPERATIVO** descargar el audio para poder aprender la pronunciación correcta del inglés.

Ve a la página de "**BONO GRATIS**" y descarga el audio del libro.

Lee la conversación del libro, escuchando la pronunciación directamente del audio. Asegúrate de captar la pronunciación y practicarla.

Lee y aprende las nuevas palabras, frases y expresiones encontradas en la sección "*New Words*" y "*Phrases and Expressions*".

Ahora debes concentrarte en la gramática de la lección. Esta es la parte más importante y lo que te permitirá hablar correctamente. Presta mucha atención a cada explicación y en especial a la estructura de las palabras. Recuerda que necesitas el audio para las oraciones o ejemplos encontrados en todo el libro. Nunca pases a otra sección o lección sin antes dominar completamente la gramática.

Ahora necesitas regresar al inicio de la lección y escuchar una vez más las conversaciones hasta que puedas comprenderlas bien y asimilar la estructura.

Repasa las nuevas palabras, frases y expresiones hasta que las aprendas bien y asegúrate de lograr la pronunciación como la del audio. El desafío más grande que tienes es dominar la pronunciación y pronunciar como la voz nativa del audio MP3.

Es tiempo de realizar los ejercicios. Asegúrate de llenar y practicar cada ejercicio. Los mismos medirán tu comprensión de la gramática de la lección. Una vez llenes tus ejercicios, revísalos una y otra vez, y cuando ya estés seguro. Entonces, podrás ver las respuestas al final del libro, solo para comparar y asegurarte de que lo hiciste bien. No hagas trampa.

Ya terminaste la lección. Felicidades. Ahora debes regresar al inicio de la lección una vez más y repasarla por completo, como si fuera la primera vez. Si viste que los conceptos expresados los entendiste bien y los manejaste a la perfección, es porque estás listo y haz completado este increíble curso. De lo contrario, entonces, deberás seguir el repaso de la lección hasta que la domines a la perfección.

Lesson 1

Crime doesn't pay – El crimen no paga

Conversation 1

Hank: You coming?

Morris: Yeah, yeah, I'm coming. Just a minute, okay?

Hank: Don't have all day.

Morris: I know. I don't think that guy will come after us though. Didn't you see how scared he was, begging for his life?

Hank: Maybe, but he seemed to be looking at something out of the corner of his eyes. I think he might have something up his sleeve.

Morris: That sheriff was sure a lousy shooter.

Hank: No, he wasn't.

Morris: Yes, he was.

Hank: No, he wasn't.

Morris: Yes, he was. Didn't get me.

Hank: He wasn't trying to shoot you, Stupid. He was trying to shoot the gun out of my hand.

Morris: Haha, good thing he didn't get it, right?

Hank: Sorry, Partner, he did.

Morris: We don't have a gun?

Hank: Nope.

Morris: Great! We're unarmed. We don't have anything to defend ourselves.

Hank: Don't worry. We're almost to the border anyway. They don't have anything against us in Montana. But get a move on!

Conversation 2

Morris: Hey, Partner, what's that up ahead?

Hank: Don't see nothin'.

Morris: Looks like someone coming this way.

Hank: Where?

Morris: See that cloud of dust?

Hank: Oh, heck, and there's no place to hide here.

Morris: Don't suppose they'll recognize us?

Hank: You kidding? They come all the way out here to get us but don't know who we are?

Morris: You're the one with all the answers. What do you say we do?

Hank: I say, let's run for it!

Morris: The riders are gaining on us.

Hank: Can't you move any faster?

Morris: This old horse doesn't move too fast.

Hank: Well, make him move. Dig your spurs into his side.

Morris: Last time I tried that, he dumped me. Hey, look! A cattle drive. Maybe we can get "lost" among the cattle.

Hank: We'd better get around them, or we'll have nowhere to go. Come on!

Morris: I can't go any faster.

Hank: Well, you're on your own. I'm out of here!

Sheriff: Put up your hands, you varmits. Heading for the border, huh?

Morris: Darn, we almost made it.

Sheriff: What's your hurry?

Morris: We wanted to—

Hank: My wife's awful sick, and she really needs some money for medicine.

Sheriff: Right. Come back to town, and we'll see if we have some medicine for her. Might have something for you, too!

New words – Nuevas palabras

The backyard – el patio / la parte trasera
Badge - insignia
Bar - bar
Bartender - bar ténder / cantinero
Beard - barba
Cage - jaula
Cattle - ganado
Cowboy - vaquero
Crime - crimen
Director - director
End - final
Hero - héroe
Heroine – heroína
Land - tierra
Lion - león
Mustache - bigote
Outlaw – forajido / bandido
Partner - compañero
Prison – prisión

Ranch – rancho
Saloon – salón / taberna
Sheriff – alguacil / sheriff
Stranger – forastero / desconocido / extranjero
The West – El Oeste
Accomplishment - logro
Activity - actividad
Announcement - anuncio
Attention – atención
Audience - audiencia
Auditorium - auditorio
Degree – título
Farewell – adiós / despedida
Grade - grado
Meaning - significado
Microphone - micrófono
Mind - mente
Play - obra
Rehearsal - ensayo
Retirement - retiro
Speech - discurso
Stage - escenario

Words Definitions -

Cattle: *when you raise cows for selling, usually for food.*

Crime doesn't pay: *this expression indicates that if you do something wrong or illegal, in the end, you will always get caught.*

Ranch: *a large farm where you raise cattle, sheep, goats, chickens, and so on.*

Take it easy: *this expression is used when telling someone to stay relaxed or not to get excited about something.*

Degree: *the certification or title you get when you finish college or university.*

Play: *when an actor or actress tells a story on a stage, normally in a theater.*

Grateful: *when you are happy or thankful about something that someone gave or did for you.*

Phrases and Expressions - Frases y expresiones

Around here / there – en esta (esa) área, por estos (esos) lados / Por aquí, por allá.

Crime doesn't pay – El crimen no paga.

In case – en caso de *(en caso de que algo pueda suceder, a veces se usa "just in case"-"solo por si las moscas", "por si acaso")*

In the end – al final

It's my turn – es mi turno

From the corner of his eyes – de reojo

Kind of – un poco de *(it is kind of hot today, isn't it? – está un poco caliente hoy, ¿no es así? I am kind of busy – estoy un poco ocupado)*

Lousy shot – mal tirador *(una persona que no dispara bien "bad shooter")*

These days – estos días / hoy en día

To beg for your life – rogar por tu vida

To flunk a test – quemar / tronar un examen

To give a speech – dar un discurso

To give up – rendirse / darse por vencido

To pass a test – pasar un examen

To take it easy – tómalo con calma / tranquilízate / relájate

To take part in – tomar parte en / participar en

To throw a party – armar una fiesta / organizar una fiesta.

Unarmed – desarmado

What's on your mind? - ¿Qué pasa por tu mente? / ¿Qué quieres decirme? / ¿Qué tienes pensado?)

Grammar – Gramática

Incomplete sentences – Oraciones incompletas

En conversación muchas veces tenemos oraciones incompletas cuando el significado es obvio o puede ser entendido sin completar la oración. Las palabras que omitimos en inglés usualmente son pronombres, verbos auxiliares y formas del verbo "to be".

Ready? – *¿listo?*

Como pueden ver, esta oración es solo una fracción de la frase completa. La oración completa tanto en inglés como en español sería"Are you ready?" - ¿estás listo?

See you later (I'll see you later) – nos vemos más tarde

Anybody home (is anybody home)? -¿hay alguien en casa?

Know me (do you know me)? - ¿me conoces?

Know her (do you know her)? - ¿la conoces?

El concepto es simple y sencillo; mientras más lo usen más lo aprenderán.

Present tense describing the past – Tiempo

presente describiendo el pasado.

Recuerden que a menudo usamos el presente simple o presente progresivo para hablar de las cosas que pronto sucederán.

When does Daddy arrive? - ¿Cuándo llega (llegará) papi?

He's coming soon – él viene (vendrá) pronto.

Del mismo modo cuando hacemos cuentos o chistes en inglés, muchas veces usamos el tiempo presente aún cuando estamos hablando del pasado. Veamos.

Finally the sheriff ***comes*** into the station, ***goes*** to his desk, and ***asks*** for the report. "He ***wants*** the report," ***shouts*** the assistant. ***He's starting*** to get angry, when the assistant ***says***, "*Well, if you ain't got any work, I'll just have to go home.*"

Lean muy bien el corto párrafo y presten mucha atención. Verán que la estructura completa está en presente, cuando realmente están contando algo que sucedió en el pasado en forma de broma.

The auxiliary verb "Shall" – El verbo auxiliar "Shall".

Usamos "***shall***" cuando ofrecemos hacer algo, para sugerir que tú o alguien más haga algo o para pedir consejos o sugerencias. Normalmente se usa con "***I***" y "***We***".

Shall we go? - ¿nos vamos?

Shall I take your luggage? - ¿puedo tomar su equipaje?

Shall we talk now? - ¿hablamos ahora?

The pronoun "One" – El pronombre "One".

Usamos "One" como pronombre para indicar "***anybody, everybody, nobody***". Ésta es una forma muy formal; normalmente en vez de "one" se usa "***you***" o "***they***".

One never knows – uno nunca sabe.

One should never speak loudly in a hospital – uno nunca debe hablar alto en un hospital.

Nouns that end in "Er / Or" – Sustantivos que terminan en "Er / Or".

Hemos visto ya algunos de estos sustantivos en lecciones pasadas. Podemos agregar "***er***" ***y*** "***or***" a muchos verbos para formar el nombre de la persona, herramienta o maquinaria que hace tal cosa.

To swim – nadar

Para nombrar la persona que "nada", es decir, el "nadador" solo agregamos "er" al verbo quitando la partícula "to". Veamos.

A swimmer swims – un nadador nada

A teach***er*** teaches – un profesor enseña

A sail***or*** sails – un marino navega

A play***er*** plays – un jugador juega

A writ***er*** writes – un escritor escribe

A read***er*** reads – un lector lee

A refrigerat***or*** refrigerates – un refrigerador refrigera.

Como aprenderán, la terminación "er" es mucho

más común y puede ser usada en casi cualquier verbo. Veamos algunos otros ejemplos.

A driv***er*** drives – un conductor conduce

A drink***er*** drinks – un bebedor bebe

A runn***er*** runs – un corredor corre

A danc***er*** dances – un bailarín baila

A travel***er*** travels – un viajante viaja

A fish***er*** fishes – un pescador pesca

To have something + infinitive – Tener algo + infinitivo.

Podemos usar esta frase en todos los contextos y tiempos: "To have something – tener algo".

I have something to say – tengo algo que decir.

She has something to work for – ella tiene algo por lo que trabajar.

We have something to do – tenemos algo que hacer.

They had something to show you – ellos tenían algo para mostrarte.

He has something to dream for – él tiene algo por lo que soñar.

En español se puede traducir tanto como "tener algo para o tener algo que". También se puede usar *anything (casi siempre con el negativo), nothing*, o incluso *anyone* en lugar de *something*.

You have something to discuss – ustedes tienen algo que discutir o ustedes tienen algo para discutir.

Now that she has adopted her nephew, she has someone to live for – ahora que adoptó a su sobrino, tiene alguien para quien vivir.

Adjectives – Adjetivos

Brave – bravo / valiente

Common – común

Dull – aburrido *(what a dull story – historia tan aburrida)*

Dusty – lleno de polvo

Wild – salvaje / silvestre

Active - activo

Grateful - agradecido

Impossible - imposible

Possible - posible

Upset – enojado / furioso

Useful - útil

Useless – inútil / inservible

Exercises – Ejercicios

Exercise 1.1: Write the verb in the noun form.

My daughter is an excellent _____________ (read).

Great! I need a _______________ with this project (help).

What about that _______________ (report). I thought she was helping you.

She was in an accident! Yeah, I know! It was really

a ___________________________________ (shock).

The car's ___________________ was unconscious

(drive).

Exercise 1.2: Complete the sentences. Add the omitted words.

All gone!

You hungry?

Coming!

Ready?

New here?

Exercise 1.3: Write the verb in parentheses in the correct form.

Example: I'm so hungry. Isn't there anything _to eat_ in this old place (eat)?

You're always bugging me. Don't you have

anything else ______________________________ (do)?

Your honor, I have nothing _____________ about the crime (say).

I'm so excited about the party. It gives me

something _______________________ to (look forward).

I don't want to go to your club. I don't have anyone

_____________________________________ to (talk).

Now that I know the potential of this new product,

it really gives me something ________________ for (work).

Lesson 2

Crossing the border – Cruzando la frontera

Conversation 1

The border is a popular place. Even when three bridges are available within ten minutes of each other, they're always full of people waiting to cross. What makes them drive hours to wait in long lines? Why would they want to change their money at a depressing exchange rate? Why pay all that money for gas, tolls, and food on the trip? Shopping—that's why! Multiple department stores offer sales on toys, housewares, and clothing—clothing that is more durable, more comfortable, or more fashionable. For those looking for a bargain, there are discount stores, and electronics are nearly always cheaper.

But the trip is not without its risks. Roads to the border can be dangerous, not just because of the occasional flat tire but because of people who frequently cross the border with illegal goods. Border towns can be areas of conflict, too. And what do you do if you get a ticket for a burnt out headlight or if you are involved in a car accident? You might have to go to court and pay huge fines! But of the many people who cross the border every day, few people ever experience these problems, so the lines continue to grow and the bridges multiply. The shopping options, the smoothly paved streets, the hundreds of restaurants and fast-food eateries—all make a border crossing an expensive but thrilling experience.

Conversation 2

The boats lined up for the beginning of the race. At the signal, they were off. Each hurried along, the wind behind them. The contestants watched each other nervously. It would be a very close race. One boat was slightly bigger, but the other was more aerodynamically constructed. It was imposible to be sure which one would come out first. As one boat gained the lead, the owner's heart jumped, and his eyes shone with happiness. Then his mouth went dry as his boat slowed down on the next curve.

At last, they came up to the finish line. They were nose to nose when one boat started to sink! All was lost.

"Ha! Your boat sank!" the competitor gloated.

"So what? It's just a piece of paper. That sure was close! Let's make another one and try it again!"

The boys raced back to the bridge to fold better boats. "Best out of three?" asked the one who had lost the race.

"Okay!" said the other, and they both set their boats for another race.

New words – Nuevas palabras

Border – frontera / borde

East - este

Happiness - felicidad

Limit - limite

North - norte
Point – punto / punta
Sign - señal
South - sur
Speed limit – límite de velocidad
Traffic – tráfico
West - oeste
Accommodations - alojamiento
Ad – anuncio - aviso
Advertisement – promoción / anuncio
Carpeting - alfombras
Circle - círculo
Fireplace – chimenea
Fine - multa
Flat - apartamento
Highway - carretera
Roommate – compañero de habitación
Taste – gusto / sabor
Tracks – pistas / carrera de caballo
Transportation – transporte
View – vista / visión / perspectiva
Dark - oscuro
Light - claro

Word Definitions -

Flat: *British term used for an apartment.*

Point: *the end of a pencil, pen or a knife. Expressing a main or important idea.*

Roommate: *a person who shares a room with you and usually is not your relative.*

So what?: *when nobody cares about something and*

it is not important at all.

Taste: *referring to the kind of things that you like. It also refers to the particular perception of different things in your mouth, such as sweet, sour, bitter, or salty.*

Traffic: *when speaking about cars, trucks, and so on that are on the road at the same time.*

View: *referring to what you can see from a place where you are.*

Phrases and Expressions - Frases y expresiones

Couldn't care less – me importa un bledo / me importa un comino *(usamos esta expresión para indicar que algo no nos importa en lo absoluto)*

From here on – de aquí en adelante / de ahora en adelante

Miles per hour – millas por hora

To serve someone right – tener lo que se merece *(se usa esta expresión para indicar que alguien recibe lo que se merece)*

So what? - ¿Y eso qué? / ¿y eso qué importa? *(usamos esta expresión para decir que a nadie le importa y que no es importante)*

To talk something over – discutir un problema

That's not the point – ese no es el punto

Yeah, sure –sí, seguro *(usamos esta expresión cuando queremos salir de alguien y no creemos lo que esa persona está diciendo)*

To leave it up to someone – dejar que alguien más decida.

Grammar – Gramática

Adverbs – Adverbios

At last – por fin / finalmente

Se usa cuando hemos sido impacientes por motivo de una larga espera.

I have been waiting for hours. ***At last*** you are here. – he estado esperando por horas. Por fin estás aquí.

Pretty – algo / bastante

It was a ***pretty good*** conversation – fue bastante buena la conversación.

It is ***pretty hot*** here – está algo caliente aquí.

I am ***pretty sure*** she's lying – estoy algo seguro que ella está mintiendo.

Sure – realmente

It sure was a good conversation – realmente fue una buena conversación.

Way – mucho

The fight ***was way too*** slow – la pelea fue demasiada lenta.

It's ***way over*** 40 degrees – está mucho más de 40 grados.

Cuando se usa "way" como adverbio, por lo general se usa con "***too***", "***over***" y "***under***"

Forming nouns from adjectives – Formando sustantivos de adjetivos.

Formamos nuevos nombres o sustantivos agregando "***ness***" al adjetivo. Veamos.

Crazy – loco *craziness* – locura
Dry – seco *dryness* – sequedad

Como habrán notado, cuando un adjetivo con más de una sílaba termina en "y", cambia por "i"; pero si es un adjetivo de una sílaba no cambia como en "*dryness*".

Ill – enfermo *illness* – enfermedad
Glad – alegre *gladness* – alegría
Happy – feliz *happiness* – felicidad
Sad – triste *sadness* – tristeza
Sick – enfermo *sickness* – enfermedad
Sleepy – soñoliente *sleepiness* – somnolencia

Prefixes "Un / Im / In" – Prefijos "Un / Im / In".

Antes algunos adjetivos y pasado participios usados como adjetivos, "***un / im / in***" denotan el significado de negación, es decir "***not***".

Successful – exitoso

Unsuccessful (not successful) – fracasado / infructuoso / sin éxito

Happy – feliz

Unhappy – infeliz

Able – capaz

Unable – incapaz

Usual – usual

Unusual – inusual

Comfortable – cómodo

Uncomfortable – incómodo

Prepared – preparado / listo

Unprepared – no preparado / no listo

Possible – posible

Impossible – imposible

Perfect – perfecto
Imperfect – imperfecto
Moral – moral
Immoral – inmoral
Expensive – caro
Inexpensive – barato
Accurate – exacto
Inaccurate – inexacto
Eligible – elegible
Ineligible – inelegible
Organic – orgánico
Inorganic – inorgánico
Decent – decente
Indecent – indecente
Sane – sano
Insane – loco / insano / demente

Recuerden que al usarlo la oración casi siempre estará en positivo, porque el prefijo indica la negación.

This is possible – esto es posible.
This is not possible – esto no es posible
This is impossible – esto es imposible.

This is accurate – esto es correcto
This is not accurate – esto no es correcto
This is inaccurate – esto no es correcto

I am able to help you – puedo ayudarte
I am not able to help you – no puedo ayudarte
I am unable to help you – no puedo ayudarte.

The suffix "ful" – El sufijo "ful".

Cuando colocamos "*ful*" al final de algunos sustantivos, se convierten en adjetivos describiendo algo similar o la complexión del sustantivo. Recuerden que siempre será con una sola *"l"* al final.

Faith – fe

Faithful – fiel

Help – ayuda

Helpful – provechoso / servicial

Use – uso

Useful – útil

Peace – paz

Peaceful – pacífico

Power – poder

Powerful – poderoso

Beauty – belleza

Beautiful – hermoso / lindo / bello

Color – color

Colorful – colorido

No olviden que la letra "y" antes de "ful" se cambia por "i". Pero cuando le precede una consonante, entonces no cambia.

Playful – alegre / juguetón

Adjectives – Adjetivos

Plain – ordinario / simple

Public – público

Round – redondo

Wall to wall – de pared a pared

Cardinal points – Los puntos cardinales

Recuerden que los puntos cardinales se pueden unir unos con otros formando otros significados. Se escriben en minúscula a menos que formen parte de un nombre propio.

East - este

West - oeste

North - norte

South – sur

Southeast - sureste

Nothwest – noreste

I am heading east – me dirijo al este

I am in South Africa – estoy en Suráfrica.

They are in North America – ellas están en Norteamérica.

También se usa la palabra "bound" junto al punto cardinal, formando una sola palabra indicando que vamos o nos dirigimos en esa dirección.

An ***eastbound*** train – un tren dirigiéndose al este

A ***westbound*** trip – un viaje dirigiéndose al oeste.

Regular verbs – Verbos regulares

To hurry up – hurried up – hurried up - apresurarse

To owe – owed – owed – deber (cuando se tiene que pagar)

To slow down – slowed down – slowed down – ir despacio / retrasar

To spoil – spoiled – spoiled – echar a perder / dañar

To advertise – advertised – advertised – promocionar

To share – shared – shared - compartir

To surprise – surprised – surprised - sorprender

Irregular verbs – Verbos irregulares

To let go (of) – let go – let go – dejar ir / soltar

To take away – took away – taken away – llevarse / quitar *(quitarle algo a alguien y no devolvérselo)*

Exercises – Ejercicios

Exercise 2.1: Write the correct adverb: *way*, *sure*, or *pretty*.

He was going _______________ too fast. He almost ran the red light.

The play was ________________ good, but it could have been better.

You ____________ don't see one of those every day!

I was surprised to see him there, but he

___________________________ didn't work for long!

You were ________________ too loud. Everyone heard you.

The kids were ____________ good. You know, kids will be kids!

We not only met the goal; we went ________ over it!

The lights were ____________ bright. The singers were sweating.

Oh, no! It's _________________ past our bedtime!

They __________________ don't make toasters like they used to!

Exercise 2.2: Underline the correct form of the word.

The dictator liked to feel **power/powerful/powerness.**

This song always filled her with **happy/happiful/happiness.**

The **crazy/craziful/craziness** turkey flew into the car's windshield.

This purse is quite **use/useful/useness.** It's big and has a zipper.

We heard about her **ill/illfull/illness**, but we didn't know it was that bad.

My hands are always very **dry/dryful/dryness.**

Everyone hopes for **peace/peaceful/peaceness** and an end to war.

Now that her children were gone, she felt a strange sense of **empty/emptiful/emptiness.**

You should be **care/careful/careness**, or your cell phone might be stolen!

The **sad/sadful/sadness** music made her cry!

Lesson 3
Stepping on the gas - Acelerando

Conversation 1

Policeman: Ma'am?

Carol: Yeah?

Policeman: You need to move your car.

Carol: Why?

Policeman: You're parked in a fire lane.

Carol: Oops! How was I to know?

Policeman: The area is clearly marked right there with the diagonal lines.

Carol: Oh, haha. I can't tell the difference.

Policeman: Being able to recognize places where you can legally park is part of the driving regulations for the state. You studied them in the driving manual in order to obtain your license, right?

Carol: Of course. So where can I park?

Policeman: I don't know, ma'am, but you'll have to move.

Carol: But I'm okay as long as there isn't a fire, right?

Policeman: No, ma'am.

Carol: The thing is, I'm waiting for someone. He's expecting me to be here.

Policeman: That's too bad. If you don't want a ticket, you'll have to move now.

Carol: Okay. [She changes gears but discovers that the car is in reverse.]

Policeman: Stop! Put on the brakes!

Carol: [But she steps on the gas instead. She hits the car parked behind her—the policeman's patrol car.]

Policeman: What on earth are you doing?

Carol: Oops! I stepped on the gas instead of the brakes.

Conversation 2

Carol: Hi, Your Honor, this is what happened—

Judge: Please, keep your distance, young lady. You may stand over there.

Carol: Okay, so I was waiting for my father, who happens to be a policeman, and this guy—

Judge: We'll hear the patrol officer's report first.

Carol: Oh, right. Where is he?

Judge: He isn't here yet.

Carol: What happens if he doesn't come?

Judge: The charges would be dropped.

Carol: How long do we wait—

Policeman: You received my report, Your Honor?

Judge: Yes, would you like to read it aloud?

Policeman: *Yes.* On Tuesday, the 11th of October, the defendant, Carol Marie Larson parked in a fire lane. She was asked to move several times, and when she finally agreed to do so, she started to back up instead. I ordered her to stop the car, but she accelerated and hit the patrol car.

Judge: [turns to look at Carol] Why did you hit the patrol car, Miss Larson?

Carol: I forgot to take it out of reverse.

Judge: But the patrolman warned you to stop.

Carol: I meant to hit the brakes, but I stepped on the gas instead.

Judge: It sounds, Miss Larson, as though you might be a bit of a menace on the roads.

Carol: Haha. No, Your Honor, it was just an accident.

Judge: In other words, it won't happen again?

Carol: No, Sir.

Judge: You refused to move the car?

Carol: I didn't mean to be rude, but my dad was expecting me to wait for him outside, and it was the only place available on the street.

Judge: I will take that into consideration.

New words – Nuevas palabras

Background – antecedentes / historial / fondo
Environment - ambiente
Friendship - amistad
Looks – apariencia / aspecto
Marriage - matrimonio
Personality - personalidad
Relationship – relación
Sense of humor – sentido del humor
Temper - temperamento

Brakes - frenos
Court - corte
Leash – laso / cordón
Witness - testigo
Arrangement – arreglo / acuerdo / gestión
Catalog – catálogo
Commission – comisión
Complaint - queja
Delay - retraso
Discount - descuento
Dozen - docena
Line - línea
Merchandise – mercancía
Percentage – porcentaje
Quality - calidad
Quantity - cantidad
Representative - representante
Shipment – cargamento

Word Definitions -

Background: *knowing who your parents were, the things they did, what they looked like. Knowing where you come from and how you were educated and raised.*

***Discount*:** *when prices for a product or merchandise are lower than their regular prices for a specific time.*

***Down to earth*:** *when people have their feet on the ground, their ideas are practical and not crazy.*

Gentle: *when someone does not hurt others and is very kind toward people.*

Hard working: *when someone works a lot and likes to work.*

Practical: *when someone understands the important points and does the easiest and best thing.*

Reliable: *when you can trust in someone.*

Rude: *when someone says things to upset, hurts others, and interrupts conversations.*

Selfish: *When someone doesn't share with others and thinks only about himself.*

Temper: *when someone gets angry very easily and quickly gets in a bad mood.*

How was I to know?: *when we were not aware or did not know about something and we want to excuse ourselves for something we have said that was inappropriate.*

Witness: *someone who sees something and can tell others about it.*

Phrases and Expressions - Frases y expresiones

To change your mind – cambiar de opinión

To get along with – llevarse bien con alguien

To take something into consideration – considerar algo o tomar algo en consideración

As I was saying – como estaba diciendo

For ages – antiguo / viejo / por mucho tiempo

In ages – en siglos, en mucho tiempo

How was I to know? - ¿Cómo lo iba a saber?

In other words – en otras palabras

On earth – no puedo creerlo *(se usa después de una palabra interrogativa para indicar nuestra sorpresa o lo difícil que es creer lo que acaba de pasar o acaban de decir (why on eath did you do that? - ¡no puedo creer lo que hiciste!)*

To tell the court – decirle al juez o a la corte *(cuando se está frente a una corte)*

You know me – ya me conoces *(sabes como soy)*

Difference between - deferencia entre does cosas *(the difference between you and me – la diferencia entre nosotros dos)*

In-law – (*se una al nombre familiar para referirse a los familiares políticos o de nuestra pareja) father in-law*

Happen (ed) to – sucede (esta expresión es usada con el infinitivo del verbo para hablar sobre algo que no estaba planeado o que pasó por casualidad, sea bueno o malo) *I happen to be a teacher – sucede que soy profesor. She happened to be there when the thief pulled the trigger – por casualidad ella estaba ahí cuando el ladrón jaló el gatillo.*

Grammar – Gramática

Conjunctions – Conjunciones

Tanto "as long as" y "provided that" se pueden usar en sustitución de "if - si condicional" para expresar una condición. "Provided that" es más formal.

As long as – mientras que / siempre que

You can stay ***as long as*** you keep quiet – te puedes quedar siempre que te estés tranquilo.

We'll get along just fine ***as long as*** you mind your own business – nos llevaremos muy bien, siempre que no te metas en lo que no te incumbe.

You can go out tonight ***as long as*** you get back by midnight – puedes salir esta noche, siempre que estés de regreso para la media noche.

Provided that – mientras que / con tal que

You can go out tonight ***provided that*** you get back by midnight – puedes salir esta noche, siempre que estés de regreso para la media noche.

We're going camping next Sunday ***provided that*** there's time – iremos de campo el próximo domingo, siempre y cuando haya suficiente tiempo.

What if – ¿y si? ¿Qué tal si…?

What if you are not accepted? - ¿Qué tal si no eres aceptado?

What if I tell you the truth? - ¿Y si te digo la verdad?

Though – sin embargo

Se usa para contrastar una idea o pensamiento.

He is a great friend, ***though*** he is not very responsible – él es un gran amigo, aunque no es muy responsable.

Peter is an excellent student, ***though*** he flunked the exam – Peter es un excelente estudiando, aunque se quemó en el examen.

The suffix "ship" – El sufijo "ship"

Algunas veces agregamos "ship" a nombres y algunos adjetivos para describir la condición, carácter, posición, o estado de la palabra a la que se adhiere.

Champion***ship*** - campeonato
Citizen***ship*** - ciudadanía
Dictator***ship*** - dictadura
Fellow***ship*** - compañerismo
Friend***ship*** - amistad
Hard***ship*** – penurias / calamidades
Leader***ship*** - liderazgo
Member***ship*** - membrecía
Partner***ship*** - sociedad
Relation***ship*** – relación
Scholar***ship*** - beca

The suffixes "y, ty, ity, nce, ncy" – Los sufijos "y, ty, ity, nce, ncy"

Cuando usamos estos sufijos, convertimos el adjetivo en nombre o sustantivo.

Difficult - difícil
difficulty - dificultad
Safe – seguro
Safety - seguridad
Active – active
Activity - actividad
Distant – distante
Distance - distancia
Intelligent – inteligente
Intelligence - inteligencia
Urgent – urgente
Urgency - urgencia
Special – especial
Specialty - especialidad
Stupid - estúpido

Stupidity - estupidez
Complex – complejo
Complexity - complejidad
Inferior – inferior
Inferiority - inferioridad
Humid – húmedo
Humidity - humedad
Necessary – necesario
Necessity - necesidad
Eternal – eterno
Eternity - eternidad
Credible – creíble
Credibility - credibilidad
Responsible – responsable
Responsibility - responsabilidad
Sensible – sensible
Sensibility - sensibilidad
Divine – divino
Divinity - divinidad
Secure – seguro
Security - seguridad
Curious – curioso
Curiosity - curiosidad
Generous – generoso
Generosity – generosidad

Future time in the past – Tiempo futuro en el pasado

Usamos "was / were going to + infinitive" para hablar de algo que se creía que pasaría pero ya no.

She ***was going to study*** English (but she didn't do

it) - ella iba a estudiar inglés (pero no lo hizo)

I didn't know they ***were going to move*** (but they did) – no sabía que se mudarian (pero se mudarían)

I ***was going to visit*** you yesterday (but I didn't) – te iba a visitar ayer (pero no lo hice)

Relatives pronouns – Pronombres relativos

Which – el cual / la cual

Se usa cuando nos referimos a cosas, nunca sobre personas. También se puede usar "that", pero *which* es más formal.

It's the book ***which*** my father gave me – es el libro el cual mi padre me dio.

It's the book ***that*** my father gave me – es el libro que mi padre me dio.

Recuerden que podemos omitir ambos "which - that" de la oración y el sentido es el mismo.

It's the book my father gave me – es el libro que me dio mi padre.

This is the car ***which*** I told you about – este es el carro del que te hablé.

This is the car ***that*** I told you about – este es el carro del que te hablé.

This is the car I told you about – este es el carro del que te hablé.

Who – quien

Se usa cuando nos referimos a personas solamente. También se puede usar "that" en su lugar. "Who" es más formal que "that".

This is the woman ***who*** stole my heart – ésta es la

mujer que robó mi corazón-

This is the woman ***that*** stole my heart – ésta es la mujer que robó mi corazón.

Adjectives –Adjetivos

Acceptable – aceptable

Down to earth – con los pies sobre le tierra / una persona práctica

Due – esperado (*the bus was due "to arrive" at 1:10 – el autobús se esperaba para la 1:15. The rent is due in two days – la renta se vence en dos días*)

Due to – por motivo de / por causa de *(I am tired due to late sleeping – estoy cansado por dormir tarde*)

Gentle – gentil / amable

Good natured – agradable / fácil de llevarse bien

Hard working – trabajador / una persona que trabaja duro

Interested in – interesado en

Nine to five – de nueve a cinco (trabajo de 9-5)

Perfect - perfecto

Poisonous - venenoso

Practical – práctico

Reasonable - razonable

Reliable - confiable

Retail – al por menor / al detalle

Rude – grosero / mal educado

Selfish - egoísta

Slippery - resbaladizo

Stupid – estúpido / tonto

Understanding - comprensible

Wholesale – al por mayor

Adverbs – Adverbios
A whole lot – mucho (forma coloquial)
Exactly – exactamente
Fairly – bastante / justamente / limpio

New regular verbs – Nuevos verbos regulares
To matter – mattered – mattered - importar
To imagine – imagined – imagined - imaginar
To ruin – ruined – ruined – arruinar
To skid – skidded – skidded – patinar / resbalar / deslizarse
To step on – stepped on – stepped on - acelerar
To cancel – canceled – canceled - cancelar
To delay – delayed – delayed - retrasar
To depend on – depended on – depended on – depender de
To increase – increased – increased - aumentar
To order – ordered – ordered – ordenar / mandar / pedir / encargar
To ship – shipped – shipped – enviar / embarcar *(enviar paquetes)*

New irregular verbs – Nuevos verbos irregulares
To bring up – brought up – brought up – criar / educar / traer a colación
To run into – ran into – run into – chocar con / encontrarse con *(golpear, usualmente con un vehículo)*
To run over – ran over – run over – atropellar *(usualmente con un vehículo)*

Exercises – Ejercicios

Exercise 3.1: Add *provided that* or *as long as* where appropriate.

Example: He loves me, I can face whatever comes my way!

I'll write the preface you give me the outline.

They won't face as many hardships this winter the pipes don't freeze.

They promise not to foreclose on the house you make all of your payments from now on.

You keep providing the materials, I'll be glad to make visuals for your class.

I'll give you free meals you give me a discount on the rent.

Exercise 3.2: Write the letter of the most logical answer.

________ What if aliens take all of our chocolate?

_________ What if we run out of fossil fuels?

____ What if the economy goes into a recession?

_____ What if you had to speak English in order to keep your job?

______ What if you lost your voice on the day you

agreed to speak to the high school students about your career?

A. We'll have to learn to economize and enjoy the simple things.
B. We will have to learn to use hydrogen energy.
C. I'd practice all day long.
D. I'd project a visual presentation and type anything else I wanted to say.
E. We will have to survive on cheesecake.

Exercise 3.3: Which sufffix goes with the following words? List the word in the correct column: distant, fellow, partner, prudent, responsible, safe

Ence	(i)ty	ship
__________	_______	______________
__________	_________	____________

Lesson 4

The weatherman - El meteorólogo

Conversation 1

Weatherman: It's going to be quite a day out there for pranksters.

News anchor: Is that so?

Weatherman: Yes, weather conditions will be particularly favorable to hiding and sneaking up on people today. It's going to be very foggy, so drive slowly, use your fog lights, and be cautious. The temperature will be dropping throughout the day as well, so dress warm. In fact, we're expecting an ice storm and a white out.

News Anchor: Really?

Weatherman: April Fools! No ice storm, just fog and cold temperatures. But I'm definitely going to buy myself some hot chocolate to combat this depressing weather!

News Anchor: In addition to playing tricks on unsuspecting people?

Weatherman: April 1st gives us something to look forward to on these bleak, cold days of spring.

News Anchor: Yes, make sure you tune in to your public radio station today to hear some of the more creative classical pieces. You will hear works that are poorly constructed, such as Mozart's "A

Musical Joke," and music that imitates animals, such as the "Duetto Buffo Di Due Gatti." Lots of fun. If you tune in and the music sounds boring, enjoy it! It's part of the joke.

Conversation 2

Manager: Hi! The employment agency sent us your résumé along with four others. You have a good GPA and excellent computer skills. What other qualifications do you have for this job?

Applicant: Well, I was assistant to the head of the Financial Aid department at school, so I had to learn a little of everything—accounting, communication skills, project management, and so on.

Manager: Wow. You sound almost overqualified to work as a receptionist. It's quite a step down from what you've been doing. How do you feel about that?

Applicant: Well, I need work right now, and I think I'll do a good job. You can contact my references. I'm responsible, honest—

Manager: But will you be happy here? Do you think your skills are wasted on a job as receptionist?

Applicant: Well, I probably won't stay here forever. I would like to eventually move on to other things. I enjoyed management.

Manager: How are you at taking orders?

Applicant: No problem at all, Sir. You see, I was the assistant; I took orders from the head of my department and other administrators. I had to help everyone in the department as well.

Manager: Do you know how to transfer calls and manage several phone lines?

Applicant: No, Sir. But I learn quickly.

Manager: Great! How soon could you start if you are hired?

Applicant: Anytime.

Manager: All right, we'll get back to you.

Applicant: Thank you!

New words – Nuevas palabras

Cloud - nube
Effect - efecto
Fog - neblina
Forecast – pronóstico
Moisture - humedad
Play-off – eliminatoria / partido de empate
Ski - ski
Stuff - cosas
Surgeon - cirujano
Weatherman – meteorólogo
Wind - viento
Alarm - alarma
Barn - granero
Cause - causa
Death - muerte
Destruction – destrucción
Device – aparato electrónico
Drop - gota
Film - película
Fire department – departamento de bomberos
House call – visita médica

Property - propiedad
Seafood - mariscos
Short circuit – corto circuito
Sidewalk - acera
System - sistema
Upset stomach – mal de estómago
Virus - virus
Accountant – contable / contador
Accounting - contabilidad
Employee - empleado
Employer - empleador
Employment - empleo
Employment agency – agencia de empleo
Engineering - ingeniería
Head – cabeza
Qualification – calificación (habilidades y destrezas)
Reference - referencia
Requirement - requisito
Résumé – currículo
Tow truck – grúa / camión de remolque
Zero - cero

Word Definitions -

Full time: *when an employee works regular hours five days a week, around 8 hours a day. When you dedicate all your time to something.*

Can't keep anything down*: when it doesn't matter what you eat, you throw up.*

Homeless: *a person who does not have a home and sometimes lives in the streets or shelters.*

House call: *when the doctor pays you a visit to your house.*

You have my deepest sympathy: *when something really terrible happens, or when someone dies , we say this.*

Stuff: *when we don't know the name of some things or how to call them, we use this expression. We basically use it with anything.*

Phrases and Expressions - Frases y expresiones

Is that so? – ¿realmente? / ¿estás seguro?

Quite a – bastante *(se usa para decir que algo es muy grande. Quite big – bastante grande. Quite heavy – bastante pesado)*

To drop / fall (temperature) – bajar la temperatura

To stand / be in line – pararse o estar en una fila

Can't keep anything down – todo lo vomito

To catch fire – coger fuego

To get out of – salir (se) de

Long weekend – fin de semana largo *(cuando no tienes que trabajar o viernes o lunes y el fin de semana es largo)*

Not any / no use – no importa lo que hagas *(usamos esta expresión cuando nada resolverá el problema del que hablamos o tenemos)*

Since when? - ¿desde cuándo? ¿Cuánto tiempo ha pasado desde…?

You have my deepest sympathy – mis más sinceras condolencias / cuánto lo siento.

To give someone a hand – darle una mano a alguien *(ayudar a alguien)*

To give up + ing – dejar o parar de hacer algo por siempre *(I gave up drinking – deje la bebida)*

If you don't mind my saying so – si no te importa que te dé mi opinión.

To keep + ing – hacer algo una y otra vez *(she kept coming every day – ella seguía viniendo todos los días)*

Might as well – también podrías / porque no *(you might as well try – también podrías tratar de hacerlo así)*

So far – hasta ahora

Won't accept / take no for an answer – no aceptaré / tomaré un no por respuesta.

Grammar – Gramática

The auxiliary verb "might" – El verbo auxiliar "might"

Usamos "might" de la misma forma que "may" para hablar de algo que pueda estar pasando o que pueda pasar. *No se usa para pedir permiso; en ese caso se usa (may-can).*

It ***might*** rain today – es posible que llueva hoy.

We ***might*** play cards tonight – es posible que juguemos cartas esta noche.

Peter ***might*** be at church already – es posible que Peter ya esté en la iglesia.

I ***might not*** call you tonight – es posible que no te llame esta noche.

*Cuando usamos el "**might**" en el presente perfecto o presente progresivo, "might have" puede dar la idea de "**may**" o "**could**".*

She ***might have left*** – puede que ella ya se haya ido.

She ***might have been cleaning*** when you called – puede que ella haya estado limpiando cuando llamaste.

The expression "had better" – La expresión "had better".

Usamos esta expresión igual que "should" o "ought to" para dar consejos. Cuando lo usamos seguido del pronombre personal, por lo general va en su forma de contracción.

You***'d better*** come home quickly – será mejor que llegues a casa rápido.

She***'d better not*** say anything – es mejor que ella no diga nada.

Peter ***had better not*** cancel the reservation – será mejor que Peter no cancele la reservación.

Muchas personas, cuando hablan en forma coloquial, a veces no usan el "had" y solo dicen la frase normal.

You ***better*** come – será mejor que vengas

She ***better*** not say anything – será mejor que ella no diga nada.

Question word "which one of" + noun / pronoun – La palabra de interrogación "which one of" + sustantivo / pronombre

Recuerden que cuando usamos "which", es porque tenemos elección y muchas veces va seguido de "of".

Which one of you drank my milk? - ¿Cuál de

ustedes se bebió mi leche?

Which one of the cars do you prefer? - ¿Cuál de los carros prefieres?

Which of the songs do you want to listen? - ¿Cuál de las canciones quieres escuchar?

The pronoun "those of "+ pronoun + "who" – El pronombre "those of" + pronoun + "who"

Cuando hablamos de unas pocas personas o cosas en un grupo, usamos "***those of***" más un pronombre en plural, haciendo la oración más clara.

Those of you who are going to the movies tonight had better get ready – los que (de ustedes) irán al cine esta noche, será mejor que se alisten.

Those of us who play golf have different strategies – los que (de nosotros) jugamos golf, usamos estrategias diferentes.

Supposed to – Supuesto a / tener que

Usamos "supposed to" para indicar algo que deberíamos "should" y describiendo algo que se espera o que es necesario. Recuerden, siempre vendrá un verbo después del "supposed to".

Teachers are ***supposed to*** educate students – los profesores tienen que educar los estudiantes.

Nurses are ***supposed to*** save lives – las enfermeras están deben salvar vidas.

Cuando usamos "supposed to" con el pasado, estamos indicando algo que debió haber pasado, pero no pasó o algo que no debió pasar pero pasó. Fíjense que la negación está en el verbo "***to be***".

I ***was supposed to*** come at 5:00 – tenía que haber venido para las 5.

I ***was not supposed to*** be here – no tenía que haber estado aquí.

También puede explicar el por qué algo fue hecho.

Why are you here? – because I ***was supposed to*** be here - ¿Por qué estás aquí? Porque tenía que estar aquí.

Why didn't you go to school today? Because I ***was not supposed to*** go to school today. It's Saturday - ¿Por qué no fuiste a la escuela hoy? Porque no tenía que ir a la escuela hoy. Hoy es sábado.

No olviden que "***supposed***" también es el pasado participio del verbo "***suppose – suponer***" y algunas veces lo usamos en la voz pasiva para indicar creencia o pensamiento.

The robbery was ***supposed to have happened*** around noon – Se supone que el robo pasó como a mediodía.

Collective nouns – Nombres colectivos

Algunos nombres tales como "couple, team, police department" describen a más de una persona, pero están en singular y la forma verbal también está en singular.

The ***team plays*** tonight – el equipo juega esta noche.

The ***police department works*** very hard – el departamento de policías trabaja muy duro.

That ***couple wants*** to have a baby – esa pareja quiere tener un bebé.

Pero cuando usamos un pronombre en vez del

nombre colectivo, entonces usamos "they".

The ***team wants*** to practice tonight so ***they are*** getting ready now – el quipo quiere practicar esta noche, así que se están preparando ahora.

Presten mucha atención a la segunda parte de la oración con el pronombre personal y verán que están en plural usando "they".

The verb "to try + infinitive / gerund" – El verbo "to try + infinitivo / gerundio"

Cuando usamos el verbo "***to try***" con el infinitivo o el gerundio "***ing***" algunas veces tienen el mismo significado, pero en otras ocasiones tienen significado diferente.

Try to give the child some food – trata de dar al niño algo de comida.

Try giving the child some food – trata de dar al niño un poco de comida.

I ***tried to hire*** you when you came – traté de contratarte cuando viniste (pero no pude).

I ***tried hiring*** you when you came – traté de contratarte cuando viniste (pero no pasó)

Generalmente, expresamos las ideas con los siguientes significados.

Try + infinitive

Presente y futuro muestra un plan o una orden.

She always ***tries to be*** on time – ella siempre trata de estar a tiempo.

En el tiempo pasado incapacidad de hacer algo.

I ***tried to stop*** him, but it was too late – trate de detenerlo, pero era demasiado tarde.

Try + gerundio "ing"

Presente y futuro muestra esperanza o sugerencia.

Perhaps you should ***try getting up*** earlier in the morning. – talvez deberías tratar de levantarte temprano en la mañana.

En el tiempo pasado muestra no tener buenos resultados.

I ***was trying to*** fix my computer – estaba tratando de reparar mi computadora.

The verb "to remember + infinitive / gerund" – El verbo "to remember + infinitive / gerund"

Cuando usamos "to remember" con el infinitivo es para indicar que no debemos olvidar algo.

Remember to drink your pills – recuerda tomar tus pastillas.

Remember to go to school – recuerda ir a la escuela.

Remember to study – recuerda estudiar.

Cuando usamos "to remember" con el gerundio es para indicar que estamos recordando algo del pasado.

I ***remember taking*** clases with you – recuerdo cuando tomaba clases contigo.

I ***remember calling*** you every night – recuerdo cuando te llamaba todas las noches.

Adjectives – Adjetivos

Central – centro / central

Depressed - deprimido

Depressing - depresivo

Eastern - oriental

Foggy - nebuloso
Northern - norteño
Southern - sureño
Western - occidental
Electrical - eléctrico
Exact - exacto
Homeless – sin hogar
Overworked – con exceso de trabajo
Pregnant - embarazada
Employed - empleado
Full time – tiempo completo
Overqualified – sobre calificado
Part time – tiempo compartido / medio tiempo
Qualified - calificado
Unemployed - desempleado
Unqualified – incompetente / no calificado

Adverbs – Adverbios
Generally - generalmente
Mostly – mayormente
Overnight – durante la noche
Partly - parcialmente

Regular verbs – Verbos regulares
To affect – affected – affected - afectar
To doubt – doubted – doubted - dudar
To operate – operated – operated - operar
To ski – skied – skied - esquiar
To cause – caused – caused - causar
To destroy – destroyed – destroyed - destruir
To injured – injured – injured – lesionar / herir
To kick – kicked – kicked - patear

To warn – warned – warned - advertir
To accept – accepted – accepted - aceptar
To recognize – recognized – recognized - reconocer
To require – required – required - requerir

Irregular verbs – Verbos irregulares
To beat – beaten – beaten - vencer
To blow – blew – blown - soplar
To rise – rose – risen – subir / aumentar / levantar
To throw up – threw up – thrown up - vomitar

Exercises – Ejercicios

Exercise 4.1: Write the appropriate phrase: *might, had better,* or *be supposed to.*

I have a lot of homework, Mom. We

________________ invent a new product and try to sell it to our classmates.

You ________________ wash those dishes right now, or you won't use the computer for the rest of the day.

I ________________ be late tomorrow. My cell phone is broken.

We ________________ finish this project tonight. Tomorrow, we have to get ready for our trip.

They ________________ cancel her account. She didn't know how to use the confirmation code they sent her.

I feel bad for Cindy. She ________________ write a song for the next commercial.

It ______________ rain tomorrow. There's a hurricane near the southern coast of the country.

Exercise 4.2: Match the sentences with the logical end.

________ Which one of the rings

________ Which one of these shoes

________ Which one of the glasses

________ Which one of these desserts

________ Which one of the students

________ Which one of the personality types

A. won the award?
B. is the one you prepared?
C. describes you best?
D. fits your ring finger best?
E. did you clean with the hydrogen peroxide mix?
F. did you drink out of?

Exercise 4.3: Write the verb after *remember* as an infinitive or gerund.

Please remember ___________________ the trash (take out).

I remember _______________ the marigolds in Grandpa's garden (pick).

Do you remember _______________ breaded crab in Cancun (eat)?

Did she remember _______________ the gas bill (pay)?

We don't remember _______________ pizza (order).

Lesson 5

Visiting the bank – Visitando el banco

Conversation 1

Client: Hi, I'd like to make a deposit.

Teller: Okay, you'll need to fill out a deposit slip. They're over there on the counter.

Client: Thanks. . . . Okay, I'm ready now.

Teller: Did you forget something?

Client: Um, I don't think so.

Teller: It says here you have two checks to deposit.

Client: Yes.

Teller: Do you have the checks?

Client: Oh, yeah, haha.

Teller: So that's a deposit into your checking account. Would you like to make a payment on your loan today?

Client: Oh yeah, that's due this week, isn't it?

Teller: Yes. So is the credit card payment, but that will just accrue interest if you prefer to wait.

Client: And the loan?

Teller: The interest for a missed payment on the loan is a little higher.

Client: Ah, in that case, can we put one of the checks on the loan?

Teller: We can make a quick transfer from checking.

Client: Great! So I'm all set?

Teller: Yes! Have a great day!

Conversation 2

Judy: Oh, no! We're out of gas!

Gary: I didn't bring my cell phone either! We'll have to go get gas.

Judy: If we leave the car here, someone could hit it.

Gary: But if we leave the emergency flashers on, we'll run down the battery. We'll just have to pull over as far as we can off the road and go get some gas. Do you want to stay here? It's nice and cozy in the car right now.

Judy: No, I don't want to stay here alone.

Gary: Okay, let's go.

Judy: It's not so bad when you're moving. I'm almost hot!

Gary: As long as it doesn't snow. Just think, you won't have to go to the gym tomorrow. You're burning plenty of calories out here! [10 minutes later]

Judy: My toes are numb. I wish I had worn boots.

Gary: Come on. There has to be something soon.

Judy: My face is wet. If only it would stop snowing, we could see what's up ahead.

Gary: If you'd stayed in the car, you would still be warm.

Judy: If I'd stayed in the car, I'd be worried sick. Look, there's a barn. We could take shelter there.

Gary: If there's a barn, there's also a house. Come on, Hon, I think I see some lights ahead.

New words – Nuevas palabras

Account - cuenta

Checkbook – talonarios de cheque / libro de control

Checking account – cuenta de cheque

Client - cliente

Credit - crédito

Deposit - depósito

Deposit slip – comprobante de depósito

Funds - fondos

Guard - guardia

Interest - interés

Loan - préstamo

Mattress - colchón

Pickup truck - camioneta

Rule - regla

Safe deposit box – caja de seguridad / caja fuerte

Savings - ahorros

Savings account – cuenta de ahorros

Teller - cajero

Withdrawal - retiro

Withdrawal slip – comprobante de retiro

Advertising - publicidad

Budget - presupuesto

Can - lata

Commercial – comercial (especialmente comercial de TV)

Cottage – cabaña / casa de campo

Exam - examen
Lighter - encendedor
Publicity - publicidad
Raincoat – chamarra / impermeable
Shampoo - champú
Shelter - refugio
Side - lado
Situation - situación
Slogan - eslogan
Stew – guisado / estofado
Voice - voz
Beauty shop – salón de belleza
Cavity - cavidad / caries
Day off – día libre
Drill – taladro / barrena
Filling - empaste
Fingernail – uña de la mano
Injection – inyección
Nail - uña
Sergeant - sargento
Shot – inyección
Toe – dedo del pie
Toenail – uña del pie
While - mientras

Word Definitions –

Budget: *when you make a plan to know how much money you can spend on things.*

Cozy: *when the inside of a building, apartment, or house is small, comfortable, and warm.*

Drill: *a tool we use to make a hole. Dentists also*

use a drill to remove a cavity.

***Funds:** money that you have at your disposal and can use for a particular purpose.*

***Loan**: money that you borrow from a person or an institution and have to pay back.*

***Numb:** when you can't feel a thing.*

***Shelter**: anything that can protect you from the weather, disasters, or bombs. It could be a room underground, a house, and so on.*

***Stew:** when you cook different types of meat with vegetables together in a pot.*

Phrases and Expressions – Frases y expresiones

All done – todo listo / terminado / completado

As well – también

By mistake – por error

Come on! – apresúrate / ven conmigo *(también se usa esta expresión cuando no creemos lo que nos están diciendo)*

It's time – es hora / es tiempo

Open wide – abre bien *(cuando un dentista o doctor te dice que abras la boca)*

To do business with – hacer negocios con

To go bankrupt – caer en quiebra / bancarrota

In that case – en ese caso

To make a deposit – hacer un depósito

To open a bank account – abrir una cuenta de banco

To take care of – encargarse de

To take out money – retirar dinero

To have your hair done – arreglarte el cabello

(cuando alguien te arregla el cabello)

To have your nails done – hacerse las uñas *(cuando alguien te hace las uñas)*

You won't feel a thing – no sentirás nada

What's that? - ¿Qué es eso?

When / while someone has the chance – cuando / mientras alguien tiene la oportunidad

Grammar – Gramática

Giving advice – Dando consejos

Usamos el verbo "to suggest – sugerir" para consejos u órdenes indirectas. Se puede usar tanto el infinitivo como el gerundio.

Why don't you eat an apple? ¿Por qué no te comes una manzana?

She ***suggested eating*** an apple – ella sugirió que comiera un manzana.

She ***suggested that I eat*** an apple – ella sugirió que comiera una manzana.

I wouldn't eat an apple if I were you – no comería una manzana si fuera tú.

She ***suggested not eating*** an apple – ella sugirió que no comiera una manzana.

She ***suggested that I not*** eat an apple – ella sugirió que no comiera una manzana.

She ***suggested that he eat*** an apple – ella sugirió que él comiera una manzana.

Presten mucha atención a la estructura. Como pueden ver, pueden usar tanto el verbo como el infinitivo o el gerundio. Recuerden, el uso del "that" fue opcional. Fíjense de la construcción en negativo.

También es muy importante que cuando usamos una tercera persona singular (he / she) después del verbo "to suggest", el verbo siguiente no lleva "***s***".

Past conditions – Pasado condicional

Usamos el pasado y condicional perfecto para hablar de algo que no pasó, pero que pudo haber pasado o que deseamos que haya pasado.

If I'd known you were coming, **I'd had dressed up** properly – si hubiese sabido que vendrías, me hubiese vestido apropiadamente.

If I'd studied English, ***I would have gotten*** that job – si hubiese estudiado inglés, hubiera conseguido ese empleo.

Recuerden que la "if clause" puede estar tanto en la primera o segunda parte de la oración.

I'd have dressed up properly, if ***I'd known*** you were coming – me hubiese vestido apropiadamente, si hubiese sabido que vendrías.

The expression "if only" – La expresión "if only".

Usamos esta expresión en el presente, pasado y pasado perfecto. En el presente indica cosas que deseamos que sucedan. En el pasado indica cosas que hubiésemos deseado que sucedieran o algo que lamentamos no haber hecho.

If only they avoid riots, everything will be OK – si solamente previnieran las huelgas, todo estaría bien.

If only we had more time, we could go to the beach – si solo tuviéramos más tiempo, podríamos ir a la playa.

If only we hadn't eaten that much, we could have been swimming all this time – si solo no hubiésemos comido tanto, podríamos haber estado nadando todo este tiempo.

Cuando usamos "if only" con el verbo "to be" en el pasado simple, siempre usaremos "were", nunca "was".

If only she weren't so sweet – si solamente ella no fuera tan cariñosa.

The verb "to wish" plus past perfect – El verbo "to wish" más el pasado perfecto.

Podemos usar "to wish – desear" con el tiempo pasado para hablar de cosas que lamentamos.

I ***wish you'd waited*** – desearía que hubieras esperado.

I ***wish you were*** here – desearía que estuvieras aquí.

I ***wish you'd be gone*** – desearía que te fueras.

The verb "to do" and its uses – El verbo "to do" y sus usos.

Usamos "to do" para hacer y responder a preguntas.

Do you like to eat? - ¿te gusta comer?

Yes, ***I do.***

No, ***I don't.***

A menudo usamos "to do" para hablar de una actividad, usualmente se sobreentiende de lo que estamos hablando.

Did you clean your bedroom yet? - ¿ya limpiaste tu

habitación?

No, ***I haven't done*** that – no, aún no lo he hecho.

Aren't you cleaning your bedroom? - ¿no estás limpiando tu habitación?

Why ***should I do*** that? - ¿por qué debería hacerlo?

Algunas veces usamos "to do" con mandatos para hacer una sugerencia o invitación dándole un tono más formal.

Do come in – por favor entre

Do have a seat – por favor siéntese

Do have some more – por favor sírvase más

Algunas veces usamos el presente o pasado simple del verbo "to do" con otro verbo para enfatizar o disentir lo que alguien haya dicho.

I hope you like your meal – espero que te guste tu comida.

Oh, I ***do like it*** – sí me gusta.

You should have told him – debiste haberle dicho

I ***did tell*** him – sí le dije

Did you tell her about the problem? – ¿le hablaste del problema?

I ***did tell her*** about it – si le hable del problema.

Do you like your present? – ¿te gusta tu regalo?

I ***do like*** my present, thanks so much – síme gusta mi regalo, muchas gracias.

Adverbs – Adverbios

Right away – de inmediato / inmediatamente

Almost - casi

Twice – dos veces

Hardly – a penas

Adjectives – Adjetivos

Bankrupt – bancarrota

Each - cada

Named – llamado / con el nombre de

Overdrawn – sobregirado

Cozy - acogedor

Worthwhile - valioso

Awake - despierto

Numb – anestesiado / entumecido

Separate - separado

Regular verbs – Verbos regulares

To advise – advised – advised – aconsejar

To credit – credited – credited – acreditar

To deposit – deposited – deposited – depositar

To remind – reminded – reminded – recordar

To wire – wired – wired – enviar dinero de un banco a otro / cablear

To avoid – avoided – avoided – evitar

To dry – dried – dried – secar

To pour – poured – poured – verter / echar / server *(algo liquido)*

To regret – regreted – regreted – lamentar

To bother – bothered – bothered – molestar / fastidiar

To choke – choked – choked – ahogarse / sofocar

To criticize – criticized – criticized – criticar

To join – joined – joined – unirse

To remind of – reminded of – reminded of – recordarse de

To separate from – separated from – separated from – separarse de

Irregular verbs – Verbos irregulares
To withdraw – withdrew – withdrawn – retirar

Exercises – Ejercicios

Exercise 5.1: Match the problem with the advice.

_________ I just had my wisdom teeth removed, and I'm hungry.

________ We don't know where to go on vacation.

_________ I'm so cold.

_________ I need to learn more English.

_________ I never have enough money.

A. Why don't you put a sweater on?
B. I suggest you go to Pigeon Forge, Tennessee.
C. If I were you, I would buy some diet supplement drinks.
D. My teacher recommends watching videos in English, with no captions.
E. Mom suggested I put half of my money in the bank and put the rest in labeled envelopes for paying bills, buying food, and so on.

Exercise 5.2: Write the verb in the correct form: *had* + past participle or *would/could have* + past participle.

We ________________________ (buy) your sofa if we had known you were selling it.

If you _____________________ (buy) that coat, you would have something to match your boots.

I would have put the milk away if I _____________ (see) it.

If they had accepted my offer, they _____________ (install) the new system my now.

Mrs. Smith _____________ (buy) some chocolate bars if she had known you were selling them.

Exercise 5.3: Identify the use of *do* in the sentences: negative, question, activity, polite invitation, or emphasis.

_________________ Does Susy have her calculator?

_____________________ I don't like strawberries.

_____________________ Please do come with us.

______ Norman does aerobic exercise every day.

_________ I did finish my homework, but the dog ate it.

Exercise 5.4: Complete the sentence with the correct form of the verb.

Example: If only we _had gone_ (go) to camp with the others, we would have had a great summer!

If only we ________________ (wait) to buy the oven, it would have been on sale!

If only they ________________ (tell) us about the bird-watcher's bed and breakfast, we would have stayed there!

I wish you ____________________ (finish) school before getting married.

I wish I ____________________ (ask) her to come to my party.

BJ wishes he ________________ (forgive) his friend.

Lesson 6

The date – La cita

Conversation 1

Jack: Hi. The name's Richardson.

Hostess: Did you see our sign?

Jack: What sign?

Hostess: It says no sleeveless, no flip-flops. This is a formal restaurant. We ask that our clients dress formally.

Nancy: These aren't flip-flops. They're dressy sandals.

Jack: As I was saying, I have a reservation for two under the name Richardson.

Hostess: Richardson, let's see. . . . I'm sorry. We don't have a reservation under the name Richardson.

Jack: Try Jack.

Hostess: I'm sorry, Sir. Maybe you made the reservation for another day?

Jack: No, I just made the reservation yesterday. I talked to Jose.

Hostess: I'll talk to the manager and see if we can find a table for you. . . . There is a booth on the balcony.

Jack: It's a little cold for that, but okay. [One hour later, the man's bill is returned by the manager with the credit card.]

Manager: I'm sorry. We're not accepting credit

cards right now.

Jack: You've got to be kidding! It says outside that you accept all four major cards.

Manager: Yes, but the system's down right now, so we're only accepting cash.

Jack: But you didn't tell me that when we got here.

Manager: It went down only five minutes ago.

Jack: So what am I supposed to do? I didn't bring any cash because I planned to pay with credit.

Manager: I suppose we'll have to bill you. We don't need any help with the dishes right now. Haha.

Jack: Listen, I have never had such a terrible experience in my life. We will never be coming here again.

Manager: I'm sorry you feel that way. Can I see your driver's license, please?

Conversation 2

Leila: Are you still there, Marge?

Marge: Yep.

Leila: Did I tell you about the puppy yet?

Marge: No, you have a puppy?

Leila: Yes, well, the kids brought it home. I told them I didn't want a puppy, but they promised to take care of it. And they said it was free.

Marge: Free for them, but what is it going to cost you?
So are they taking caring of it?

Leila: They feed the puppy five or six times a day and play with it all the time, but they haven't cleaned up any of its messes yet.

Marge: Oh, no. Has it ruined anything?

Leila: Only my clothes, the sofa, some collectible figurines, slippers, and toys.

Marge: Wow! It's been busy! If I were you, I'd get rid of that thing right away. If you don't, you'll be cleaning up after it all day long, and your house will be a disaster.

Leila: Yeah. You know I love animals, but this has just gone too far.

Marge: Listen, I have to go, but I'll be online later on tonight if you want to talk, okay?

Leila: Okay, bye!

Marge: Bye!

New words – Nuevas palabras

Cancellation – cancelación
Case – caja / estuche
Cash - efectivo
Charge - cargo
Cigar - cigarro
Delivery - entrega
Extra – extra / adicional
Falls - cascada
Inch - pulgada
List - lista
Lunchtime – hora del almuerzo
Ocean - océano
Rate – tarifa / tasa (de moneda)
Reservation – reservación
Sunglasses – lentes de sol
Threat - amenaza

Trick - truco
Violin – violín
Waiting list – lista de espera
Warning - advertencia
Waterfall - cascada
Ant - hormiga
Basket – canasto / cesta
Bull - toro
Fly - mosca
Jack – gato (para levantar carros) / enchufe
Moment - momento
Mosquito - mosquito / zancudo
Page – página
Picnic – picnic
Puppy - cachorro
Rag – trapo / harapo
Spot - lugar / sitio / espacio / mancha

Word Definitions -

Booked up: *when a hotel or place is full and they cannot accept any more reservations.*

For crying out loud: *when everything we are doing or happening in our lives is going wrong, we use this expression.*

Rag: *a piece of an old cloth.*

Threat: *a very strong warning, especially when someone tells you that he or she will do something bad to you.*

To run for your life: *when you are running very fast from a very bad and dangerous situation.*

Trick: *when something is funny to watch and hard to do.*

Warning: *when you tell someone about danger.*

Phrases and Expressions - Frases y expresiones

By this time tomorrow – para esta hora mañana

From now – desde ahora

From now on – desde ahora en adelante

To give someone a warning – darle una advertencia o amonestación a alguien

I ('ll) bet – apuesto

To make a reservation – hacer una reservación

To make a stop – hacer una parada

To make a delivery – hacer una entrega

To make sure - asegurarse

To play dirty – jugar sucio / hacer trampa

To play a trick on someone – hacerle una jugarreta o broma a alguien

To be freezing – estar congelándose

For crying out loud – por el amor de Dios

To get through – comunicarse *(cuando haces una llamada y puedes o no comunicarte)*

To let in – dejar entrar

To let out – dejar salir

To run after – correr detrás de / tratar de atrapar *(cuando se corre detrás de alguien tratando de atraparlo)*

To run for your life – correr por tu vida

You see? - ¿lo ves? *(usamos esta expresión para decir, "viste, te lo dije")*

You can't miss + noun / pronoun – no puedes dejar de ver algo o a alguien / no te lo puedes perder

Grammar – Gramática

The future progressive – El futuro progresivo

Este tiempo se forma con "will be" más el gerundio. Lo usamos para hablar de algo que estará pasando en el futuro o para sugerir que algo ya ha sido preparado para el futuro

I ***will be meeting*** with the school president tomorrow – me estaré reuniendo con el presidente escolar mañana.

She ***will be coming*** home next week – ella vendrá a casa la semana entrante.

Will you ***be traveling*** for a long time? - ¿estarás viajando por mucho tiempo?

They ***will be having*** a good time on their vacation – ellas estarán pasando un tiempo maravilloso en sus vacaciones.

Using "The" with noncount nouns and the plural – Usando "The" con nombres que no se cuentan y con plural.

No usamos "the" con la mayoría de las palabras en plural o que no se cuentan, a menos que estemos hablando sobre algo definitivo.

I love ***parties*** – me encantan las fiestas *(como estamos hablando en plural general, no usamos "the")*

I love ***the parties*** you organize – me encantan las fiestas que tú organizas. *(Como estamos hablando de unas fiestas en específico, usamos "the")*

Water doesn't have any color – el agua no tiene ningún color. *(Como el agua no se puede contar)*

The water at the beach was blue – el agua de la playa estaba azul. *(Como estamos hablando de una agua en específico)*

Cuando nos referimos a nombres propios, es decir, de personas, lugares, y cosas como canciones, libros, películas, obras, barcos y más, no usamos "the" y *recordemos que los nombres propios se escriben con mayúscula.*

Con excepción de los nombres propios de:

Algunos países (the United States, the Soviet Union, etc).

Ríos, océanos y mares (the Amazon, the Atlantic, the Mediterranean, etc)

Sierras montañosas (the Alps, the Andes), pero no con nombres de montañas.

Use of "should have / shouldn't have" – El uso de "should have / shouldn't have"

Lo usamos para criticar, para hablar del por qué las cosas salieron mal, y sobre cosas que deseamos que fueran diferentes.

You ***should have*** told her. She deserved to know – debiste habérselo dicho. Ella merecía saberlo.

You ***shouldn't have*** spanked her. She did't deserve it. – no debiste darle nalgadas. Ella no se lo merecía.

I ***should have*** studied English; if I had, then I wouldn't be asking you to interpret for me – debí haber estudiado inglés, si lo hubiese hecho, entonces no estaría pidiéndote que interpretes para mí.

Making commands stronger – Haciendo los mandatos más fuertes

Cuando damos una orden, normalmente usamos el nombre de la persona o un pronombre para que no haya confusión.

Don't you do that again – no hagas eso de nuevo *(nunca lo vuelvas a hacer)*

Don't you say that again – no digas eso de nuevo *(nunca más vuelvas a decirlo)*

Tiffany, clean up this mess and ***do*** the dishes – Tiffany, limpia este desorden y friega los platos.

Listen, everyone! – escuchen todos.

Cuando usamos "you" al inicio de la orden, lo hace más fuerte.

You pay attention to me ¡Tu préstame atención.

Algunas veces usamos una cláusula condicional al inicio o después del mandato para volverlo una amenaza. Tiene el mismo significado que si estuviéramos enojado.

If you do that again, you'll be in trouble – si haces eso de nuevo, estarás en problemas.

If you say that again, you'll get me into trouble – si dices eso de nuevo, me meterás en problemas.

I'll spank you, ***if you do*** that – te azotaré, si haces eso.

Regular verbs – Verbos regulares

To attack – attacked – attacked - atacar

To charge – charged – charged – cobrar / cargar a una cuenta o tarjeta

To confirm – confirmed – confirmed - To climb – climbed – climbed – escalar / trepar / subirse

confirmar

To crash – crashed – crashed – chocar / estrellarse

To cough – coughed – coughed - toser

To deliver – delivered – delivered - entregar

To envy – envied – envied - envidiar

To reserve – reserved – reserved - reservar

To sunbathe – sunbathed – sunbathed – tomar el sol

To pack – packed – packed - empacar

To spank – spanked – spanked – azotar (dando nalgadas)

To step in – stepped in – stepped in – poner un pie dentro de algo / entrar

To step on – stepped on – stepped on - pisar

Irregular verbs – Verbos irregulares

To bite – bit – bitten - morder

Exercises – Ejercicios

Exercise 6.1: Add three missing definite articles ("the") to the text.

Mom loves scarves. She wears them to church and parties. Scarf she likes most is a turquoise one with a paisley design. Right now, it's popular to wear scarves in many different ways in United States, but she was only person who wore them all the time a couple decades ago.

Exercise 6.2: Write sentences with *should have* and the verb provided.

I forgot to pay the electric bill, and they turned the

electricity off.__________________________ (send) the check the same day it arrived.

I didn't want to wake up the baby, so I didn't give

him a bath.__________________________ (bathe) him yesterday afternoon.

My friend's mom gave all her money to a

confidence trickster. Your friend ____________________ (report) the man to the police.

It's been raining for two weeks, and all the clothes

are dirty.__________________________ (go) to the laundromat.

My sister loves desserts and sweet drinks, and now

she has diabetes.__________________________ (go) on a diet years ago.

Exercise 6.3: Choose the command appropriate to the context and relationship.

A father finds his little girl playing with sharp sewing scissors.

Don't you ever play with those scissors again.

If you don't put those scissors down, I'm going to call the police.

It might be a good idea to play with something else.

One could get hurt playing with scissors.

The IT man is deleting files that are no longer needed.

If I were you, I wouldn't delete my performance reports.

Shall we leave my performance reports?

Please don't delete my performance reports.

You'd better leave my performance reports.

A man wants his wife to make him chocolate cake.

Why don't you make some chocolate cake?

What if you make chocolate cake?

Listen, you make some chocolate cake, okay?

You're supposed to make me chocolate cake.

A student refuses to sit down and do his worksheet.

I was going to suggest you sit down.

What if you sit down and do your work now?

Listen, sit down and do your work now.

Remember to do your worksheet before the end of class, okay?

Exercise 6.4: Write the verb in future progressive.

I won't be able to answer the phone then. I

___________________________________ (work out).

We __________________ (have) dinner around 6, so we'll want dessert before 7 p.m.

We'll never catch them that way. The criminals

____________________ (cross) the border by that time.

They _______________ (open) their gifts around 9, so we'd better get there before then.

She _________________ (recover) from minor surgery, so please make sure she doesn't do any heavy lifting.

Lesson 7
The musical – El musical

Conversation 1

Jason: I'm so nervous.

Mom: Just relax. Don't think about it.

Jason: I can't help it, Mom.

Mom: You'll do fine. Just think of it as an exciting adventure.

Jason: I think I'm going to be sick.

Mom: Sick of practicing?

Jason: No. I'm going to throw up.

Mom: No, you won't. Look, if you keep talking about being nervous, you are going to get sick, and I'm going to lose my temper. So just stop thinking about it. Relax. Practice if you want. Or you can do your homework.

Jason: It's almost time to go!

Mom: Are you ready?

Jason: Noooo!

Mom: Let's go. Are you going to wear sneakers with your dress pants?

Jason: I told you, I can't even think straight.

Mom: Just change your shoes.

Jason: [At the recital] Mom, look! They put me last on the program!

Mom: That's a good thing. It means you're the

best!

Jason: It means I have to be nervous the whole time! Ow! You stepped on my foot!

Mom: Oh, I did? I'm sorry. Just shut up and listen.

Teacher: [20 minutes later] Last on our program is Jason Fuller playing Scarlatti's Sonata No. 5 in C major.

Mom: [Afterwards] What did I tell you? You were great!

Jason: I still feel sick.

Mom: Too bad. We could have gone for pizza.

Jason: Actually, I think I am feeling a little better.

Conversation 2

Harry: [coughing] Hey, babysitter.

Leanna: The name's Leanna.

Harry: [coughing] Just for your information, I don't need a babysitter.

Leanna: Uh-huh. I'm here so you can take care of me, right?

Cinthia: Shhhhh, I'm trying to hear the TV.

Leanna: You shouldn't watch soap operas.

Cinthia: I can't help it. Look at him. Isn't he gorgeous? I fell in love the moment I saw him.

Leanna: When was that?

Cinthia: Five minutes ago.

Leanna: Turn it off.

Cinthia: Hey!

Leanna: Where's the cough medicine?

Harry: What are you doing?

Leanna: Putting sugar in your cough medicine. You know, a teaspoon of sugar is supposed to help you take the medicine.

Harry: I think it already has sugar in it.

Leanna: Do me a favor.

Harry: What?

Leanna: Get lost.

Harry: I'm going to tell my mom.

Leanna: Go ahead. Do you think people are just lined up out there begging to watch you two?

Cinthia: What's for dinner?

Leanna: It's eight o'clock. Haven't you eaten yet?

Harry: No.

Leanna: Have some cereal.

Harry: You're supposed to take care of us.

Leanna: Do you want to go to bed now?

Harry: No, I'm going to go get some cereal.

New words – Nuevas palabras

Balance - balance
Bolt - tornillo
Drum – tambor (de música)
Firewood - leña
Gallon – galón
Gram - gramo
Half - mitad
Instrument - instrumento
Liter - litro
Musician - músico

Nut - tuerca
Ounce - onza
Part - parte
Pint - pinta
Pound - libra
Producer – productor
Quart - cuarto
Roast – asado / tostado
Tablespoon - cucharada
Teaspoon – cucharadita / cucharilla
Adventure - aventura
Babysitter - niñera
Ending - final
Lobby - vestíbulo
Maid – criada / camarera
Mayor - alcalde
Musical - musical
Novel - novela
Parking lot - parqueo
Sex - sexo
Someplace – algún lugar
Even though – sin embargo

Word Definitions -

Favor: *something nice you do for someone else without expecting anything in return.*

Ingredients: *several things you need to prepare or make something else.*

Why's that?: *when we wonder why things happen and ask for an explanation.*

Adventure: *when something exciting happens to*

you.

To fall in love*: when you start being interested in someone.*

Get lost*: when you tell someone to disappear, go away (not a nice word).*

How dare you: *when someone does something that makes us angry or something that we cannot believe they would do.*

I beg your pardon?: *when we want the person to repeat what they said, because we didn't understand it or because we can't believe what they said.*

Obscene*: when pictures, books, plays, and so on have too many references to sex or immorality.*

Phrases and Expressions - Frases y expresiones

Can't help + ing – no puedo evitarlo / no puedo dejar de *(siempre se usa el verbo que le sigue en gerundio. I can't help laughing – no puedo dejar de reir. I can't help crying – no puedo dejar de llorar.)*

To do someone a favor – hacerle un favor a alguien

Don't mention it – de nada *(cuando hacemos un favor, y decimos, "ni lo menciones")*

To keep someone or something from + ing – evitar que alguien haga algo o que algo suceda *(I try to keep from crying – trato de no llorar. You kept me from leaving – evitaste que me fuera o no me dejaste ir)*

Why's that? - ¿Y eso por qué? ¿Por qué haces eso? ¿Por qué pasa eso?

To fall in love - enamorarse

Get lost – piérdete / lárgate

How dare you – como te atreves…

I beg your pardon? – perdón? No entendí. ¿Qué dijiste?

To live happily ever after – vivir felices para siempre

To lose your temper – perder la compostura

To take place – suceder o pasar *(indicando cuando y en qué lugar acontece o aconteció un evento)*

Grammar – Gramática

The gerund after prepositions – El gerundio después de preposiciones

Siempre usamos la "ing" del verbo después de preposiciones (excepto cuando viene antes del infinitivo o mejor conocido como partícula).

Books are ***for reading***, not ***for writing*** in – los libros son para leerlos, no para escribir en ellos.

Before adding the ingredientes, make sure you crack the eggs – antes de agregar los ingredientes, asegúrate de romper los huevos.

I can't get ***used to living*** like this – no puedo acostumbrarme a vivir así.

I look ***forward to hearing*** from you – espero escuchar de ti.

Adjectives – Adjetivos

Amusing – divertido / gracioso

Entertaining - entretenido

Fond of – aficionado *(cuando algo nos gusta muchísimo)*

Obscene - obsceno

Sold out – vendido *(cuando se vendió todo y no queda más)*

Regular verbs – Verbos regulares

To add – added – added - agregar

To boil – boiled – boiled - hervir

To loosen – loosened – loosened - aflojar

To lower – lowered – lowered - bajar

To mash – mashed – mashed – amasar / triturar

To mix in – mixed in – mixed in - mezclar

To peel – peeled – peeled - pelar

To raise – raised – raised – levantar / elevar

To record – recorded – recorded - grabar

To rush – rushed – rushed - apresurarse

To select – selected – selected - seleccionar

To stir – stirred – stirred – agitar / revolver / atizar

To tighten – tightened – tightened - apretar

To shorten – shortened – shortened - acortar

To flatten – flattened – flattened - aplanar / alisar / achatar

To lengthen – lengthened – lengthened – alargar / prolongar

To sadden – saddened – saddened - entristecer

To threaten (with) – threatened – threatened – amenazar (con)

Irregular verbs – Verbos irregulares

To spread – spread – spread – untar / esparcir / propagar

To deal with – dealt with – dealt with – lidiar con

Exercises – Ejercicios

Exercise 7.1: Write the correct form of the word.

1. We can't help . ___________ (laugh) at him, but he thinks we're making fun of him.

2. You have to keep him from ___________(jump) off the roof.

3. You'll just have to get used to ___________(take) cold showers, because the water heater s topped

4. ___________ (work).

5. We're looking forward to . ___________ (hear) you play at your recital tomorrow.

6. I'm very fond of . ______________ (sew),

7. but I don't like . ______________________ (read) about sewing.

8. How dare you ________________ (eat) my dessert?

9. Can you do me a favor? Can you help me with .

________________________________ (mix) the dough?

10. He's used to ______________ (sleep) after lunch

Lesson 8

Murder in the suburbs – Asesinato en los suburbios

Conversation 1

Gail: Did you see the murder mystery last night?

Brenda: Yeah. It was okay.

Gail: Okay? It was so exciting. I could have watched it three times.

Brenda: It may have been exciting, but it wasn't realistic. How many criminals leave that many clues? And do you think little pieces of our clothing could be found wherever we've gone?

Gail: Yeah, I see your point.

Brenda: Probably most murders will never be detected.

Gail: What do you mean?

Brenda: Well, for instance, your neighbor suddenly moved out. You never saw her move out, but the family said she moved out. Do you know she moved out?

Gail: I guess not. Do you think she was killed?

Brenda: Probably not. If we suspect everyone of murder, we'll never be able to sleep at night! But a smart murderer doesn't want everyone to be suspicious of her. She'll choose a time when no one would suspect anything was wrong. And by the time anyone investigates, all the evidence will have been destroyed.

Gail: Wow. I don't think I'll be sleeping well from now on. I think I need some comfort food.

Brenda: Don't worry. You don't have a fortune to inherit or a dubious past. And the whole neighborhood looks forward to receiving your edible gifts!

Conversation 2

You must have been told about the importance of birth control in school, at the doctor's office, and on television programs. Teen pregnancies have been increasing, and children are being raised in difficult family situations. If young people do not use birth control—it is argued—there are multiple negative results: an unwanted birth, the possible interruption of the parents' education, a premature end to the parents' childhood, and a child raised in an environment of resentment.

However, birth control does not come without risks. First of all, most birth control methods do not protect the parents from sexually transmitted diseases (which may represent a higher threat at a younger age), nor do they protect them from the emotional and relational effects of a promiscuous lifestyle. Some methods of birth control may be related to emotional instability, circulation problems, and an increased risk of getting cancer. Furthermore, most methods of birth control still permit a five percent chance of pregnancy.

Very few doctors tell their patients about birth control methods that track the woman's cycle. And even fewer recommend the most natural prevention method of all. Sadly, peer pressure drives many young people to become sexually active early and does not give them a complete picture of the risks and benefits of the various options. And we call this being informed?

New words – Nuevas palabras

Enemy - enemigo
Fact – hecho
Governor – gobernador
Headline - encabezado / titular
Murder – homicidio / asesinato
Murderer – homicida / asesino
State - estado
Yacht - yate
Achievement - logro
Birth control – control natal
Cancer - cáncer
Cure - cura
Expert - experto
Grandchild - nieto
Growth - crecimiento
Hunger – hambruna
Institute - instituto
Life expectancy – esperanza de vida (cuantos años promedio vive una persona)

Method - método
Natural resource – recurso natural
Reality - realidad
Robot - robot
Science - ciencia
Secret - secreto
Feeling - sentimiento
Pit – pozo / hoyo / fosa
Tranquilizer – tranquilizante

Phrases and Expressions - Frases y expresiones

Can tell by – from – poder notar algo por *(you can tell they are intelligent by the way they speak – puedes notar que ellas son inteligentes por la forma en que hablan. You can tell she is kind from the way she treats people – puedes notar que ella es bondadosa por la forma en que ella trata a las personas)*

A great deal – una gran cantidad

Here goes – aquí vamos *(cuando vas a hacer algo ahora)*

How come? - ¿Cómo así? ¿Por qué? *(how* ***come you aren't*** *ready? - ¿cómo puede ser que no estás lista? Fíjense la estructura)*

In spite of – a pesar de

Pull yourself together - compórtate / modérate / cálmate / detente

To go bad – salir mal / dañarse

To lose your head – perder la cabeza *(cuando hacemos algo sin pensar, un tontería o algo que normalmente no haríamos)*

To run for – correrpor *(postulándose para un cargo o una position. I am running for president – estoy postulándome para presidente)*

To a certain extent – hasta cierto punto

To call the whole thing off – cancelar todo el asunto

The computer is up / down – la computadora está funcionando / no está funcionando

To get dressed - vestirse

To give a hand to – aplaudir *(dar una mano en aplauso)*

To go through with - continuar con algo *(continuar algo que estaba planeado aunque no quieras hacerlo)*

To have the time – tener el tiempo

To lose your mind – perder la cabeza / volverse loco

The pit of your stomach – la boca del estomago

To shake like a leaf – temblar como una hoja *(cuando estás tan nervioso o tienes tanto frío que estás temblando)*

Who knows? – ¿Quién sabe? *(yo no sé; lo sabes tú)*

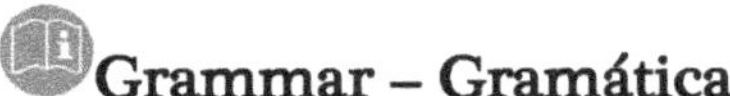

Grammar – Gramática

Using "must have / can't have / couldn't have" – Usando "must have / can't have / couldn't have"

Usamos "must have" más el pasado participio para expresar lo que pensamos que probablemente pasó.

She ***must have had*** plastic surgery – ella debió haberse hecho una cirugía *(porque se ven tan bien que no es natural)*

It ***must have rained*** yesterday – debió haber llovido ayer *(porque hay mucha agua)*

They ***must have won*** the match – ellos debieron haber ganado el partido *(porque hay un trofeo aquí)*

It ***must have been*** love – debió haber sido amor *(porque nadie haría tales cosas si no estuviera loco de amor)*

Usamos "can't have " y "couldn't have" más el pasado participio para decir lo que pensamos que probablemente no sucedió.

They ***can't have eaten*** all that candy – ellos no pueden haberse comido todos esos dulces *(porque estarían enfermos)*

She ***couldn't have done*** all that by herself – ella no pudo haber hecho todo eso ella sola *(porque es demasiado para una sola persona)*

I ***couldn't have said*** that – no pude haber dicho eso *(sería imposible que yo dijera algo así)*

The passive voice – La voz pasiva

Usando "***may / might / could (n't) / must have***" más *be +* el pasado participio en la voz pasiva.

I can't find my wallet – no puedo encontrar mi cartera.

It ***may have been stolen*** – puede que se la hayan robado.

It **might have been stolen** – puede que se la hayan robado.

It ***could have been stolen*** – puede que la hayan robado.

It ***couldn't have been stolen*** – no puede ser que se

la hayan robado.

It ***must have been stolen*** – seguramente se la han robado.

The future perfect – El futuro perfecto

Usamos el futuro perfecto para hablar de algo que pasará antes de cierto tiempo en el futuro.

By the year 2025, people ***will have cloned*** humans – para el 2025, las personas habrán clonado humanos.

By the time she gets there, ***I'll have left*** already – para cuando ella llegue, yo ya me habré ido.

By Monday, ***I'll have fixed*** your car – para el lunes, habré reparado tu auto.

También podemos usar el futuro perfecto en la voz pasiva.

By then I hope that the boys ***will have been finished*** – para entonces, espero que los chicos hayan terminado.

Using "may have" in the future – Usando "may have" en el futuro.

Cuando usamos "may have" para hablar sobre algo en el futuro, es porque no estamos seguros si habrá pasado o no.

They ***may have realized*** by tomorrow morning – puede que ellas se hayan dado cuenta para mañana en la mañana.

We ***may have finished*** by Monday – puede que hayamos terminado para el lunes.

She ***may have gotten*** there by tonight – puede que ella esté allá esta noche.

Using "two-word" verbs – Usando los verbos de dos palabras.

Algunos verbos son formados al agregarles una preposición o un adverbio al verbo. A estos llamamos verbos de dos palabras o frases verbales; usualmente su significado cambia y difiere del significado de la palabra por si sola. Ya hemos visto algunos en nuestro aprendizaje.

Algunos de ellos pueden usar un pronombre directo que usualmente se coloca o en medio de las dos palabras del verbo o después de ambas.

To try on

Let's ***try*** these pants ***on*** – probémonos estos pantalones.

Let's ***try on*** these pants – probémonos estos pantalones.

To give away

Don't ***give*** the puppy ***away*** – no regales el cachorro.

Don't ***give away*** the puppy – no regales el cachorro.

To turn off

Why don't you ***turn*** that thing ***off***? - ¿Por qué no apagas esa cosa?

Why don't you ***turn off*** that thing? - ¿Por qué no apagas esa cosa?

To talk over

Can we ***talk over*** this problem? - ¿podemos discutir

este problema?

No, we cannot ***talk*** it ***over*** – no, no podemos discutirlo.

No, we cannot ***talk*** this problem ***over*** – no, no podemos discutir este problema.

Recuerden,

Cuando es pronombre tiene que venir entre las dos palabras del verbo.

The prefix "ex" – El prefijo "Ex"

El prefijo "ex" es usando al igual que en español para indicar un estado anterior o pasado.

Ex-wife – exesposa

Ex-president – expresidente

Ex-marine – exmarino

Adverbs – Adverbios

Apparently - aparentemente

Next door - al lado

Necessarily – necesariamente

Adjectives – Adjetivos

Afraid of – tener miedo de (I am afraid of you – te tengo miedo)

Jealous – celoso

Ripe – maduro

Amazing – increíble

Certain – cierto

International – internacional

Optimistic – optimista

Pessimistic – pesimista

Scientific – científico

Alike – igual
Calm – calmado
Out of order – fuera de servicio / fuera de orden

Regular verbs – Verbos regulares
To attach – attached – attached – adjuntar / adherir
To applaud – applauded – applauded - aplaudir
To call off – called off – called off - cancelar
To consider – considered – considered - considerar
To continue – continued – continued - continuar
To calm down – calmed down – calmed down - calmarse
To carry on – carried on – carried on – continuar / proseguir
To discover – discovered – discovered - descubrir
To double – doubled – doubled - duplicar
To exist – existed – existed - existir
To ignore – ignored – ignored - ignorar
To introduce – introduced – introduced – introducir / presentar a alguien
To lock – locked – locked – cerrar con llave / encerrar
To murder – murdered – murdered – asesinar / cometer homicidio
To strangle – strangled – strangled - estrangular
To stare – stared – stared – mirar fijamente / quedarse mirando a alguien
To suspect – suspected – suspected - sospechar
To trick – tricked – tricked – engañar / jugarle una broma a alguien
To triple – tripled – tripled - triplicar
To unlock – unlocked – unlocked – abrir un

cerradura o candado / dejar libre

To use up – used up – used up – usar todo de algo / acabar

To work out – worked out – worked out – salir bien *(cuando algo da buen resultado)* / hacer ejercicios

Irregular verbs – Verbos irregulares

To break down – broke down – broken down – dañarse / romperse

To put off – put off – put off – posponer / postergar

To show up – showed up – shown up – llegar / aparecerse

To take after – took after – taken after – ser como alguien / seguir los pasos de alguien *(I take after my father – soy como mi padre)*

To take over – took over – taken over – discutir algo

Exercises – Ejercicios

Exercise 8.1: Write the best modal phrase: *may have, must have, can have, can't have, could have,* or *couldn't have.*

1. Jo: What do you think Mom

____________________done with my pet turtle?

2. Ty: She 2. __________________ given it away.

3. Jo: No. She. ______________________ done anything like that. She knows I love my little Speedy.

4. Ty: Yeah. Well, she. __________________ put

it somewhere out of the way so she wouldn't have to smell it.

Exercise 8.2: Write the verb in parentheses in future perfect.

A: "I'll see you at the party around midnight."

B: "I ____________________ (go) home by then."

My aunt is going to come live with me when

I'm forty. I ____________________ (make) a lot of money by then.

By the time you finish that piece of pizza, I

____________________ (eat) the rest of the pizza.

Be careful! Your neighbors probably

____________________ (frustrate—passive) by your pranks.

Hopefully by the time he turns ten he

____________________ (adopt—passive).

Exercise 8.3: Underline the best two-word phrasal verb for the context.

I **put / gave / took** the Christmas tree away because we never put it up anymore.

Please **turn on / try on / switch on** these pants before I give them away. They might still fit you.

Nobody's watching the TV. Could you please **take /**

turn / put it off?

We haven't decided yet, but we'll **hand / look / talk** it over tonight.

Conversational Level Four – Nivel de Conversación Cuatro

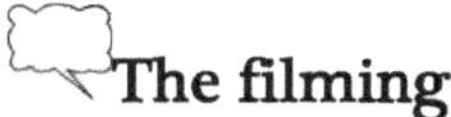

The filming

Monday

Josh, this place is so awesome. We went on a safari today in the Masai Mara. It's this huge park where animals just roam free. We got to see lions on the hunt! The chased down a gnu and ate it alive. Mom was kind of freaked out, but Brandon and I were just eating it up. Seriously, you gotta see this. It's amazing. I mean, it's just raw nature.

This man said the park is getting smaller. He said there's more people and hunting and less water and land. Too bad!

Tuesday

I seriously wanna open up a restaurant here. I mean, you got gnus, zebras, buffalo, and wildebeest here. You can offer some seriously crazy dishes. Wildebeest is pretty popular. Dad says its illegal poaching. But you gotta eat, you know? Dad's busy working on the storyline for the film, so I'm bored.

Wednesday

This park is huge, no matter what they say about it shrinking.

Dad's team has a drone for shooting—I mean, filming, you know—the elephants. I guess they can kill you pretty easy, and Dad's no crocodile hunger, so the drone does the hard work. He said they used to have to hang out of helicopters with the camera. I can just see him dropping the camera. Haha! It'd be okay, maybe, as long as he didn't fall out! This is kind of dangerous work, I guess.

So Dad asked a guide about getting local food, and we had ugali and vegetables. It's kind of a big blob of boiled corn flour. It's okay. It's not bushmeat. ☹ You use your right hand to eat it. That's the best part. No silverware and napkins in the Serengeti!

Thursday

You'll never believe this. A lot of hunting goes on at night, so Dad's group put out infrared cameras to pick up on some of the action. And some of the cameras disappeared. Well, they got a couple of them back, and you can see that hyenas took them. It looks like they tried to eat the cameras. Really! They picked the things up in their mouths and took them off. Man, that's crazy. Truth is stranger than fiction, you know? That's what Grandma says.

Friday

I have to go home tomorrow. I wanna learn some

Swahili before I go, but I'm always with Dad's team, and their interpreter is usually too busy to talk to me. Oh, well. I don't wanna go home!

The indecent neighbor

Dear Jake,

I really like my new house. I sure didn't expect to like it so much. You know we old folks don't like change, but it's pretty comfortable. It's clean, there are lots of places for my knick-knacks, and I love to just sit in the breakfast room and enjoy the view and the breeze. I'm having the roof repaired because some of the loose shingles make a racket up there, but other than that, it's perfect.

My neighbors are very nice. Many of them are retired, like me. There are also lots of children, but they aren't too wild, and they make the neighborhood more cheerful. The only neighbor I don't like is the man across the street. He's just downright indecent. He mows the lawn in his underwear! Suzie, my new friend down the street, says they're spandex. I can't bear to look out the window when he's outside. It's just gross.

And he has ever so many girlfriends. I don't see what they see in him. He's not handsome, rich, or funny. When I was a girl, we all liked the handsome boys, or the ones who could make you feel really special. Girls must be desperate these days.

Doctor put me on a diet. She says no more sugar, salt, or oil, and she wants me to eat about two cups of food per day tops. What's the joy of life without food? I'd rather go happy than suffer a dull life forever.

So anyway, the indecent neighbor invited some of us over for a cookout for Labor Day. I asked Suzy, "Do you think he'll wear clothes?" She thinks he will. I still don't know if I'll go. He kind of gives me the creeps.

I wish you were here to enjoy my breakfast room with me. Do you think you might come for Thanksgiving? I suggest you bring that nice girlfriend of yours, too. You know this house has plenty of room for all of us. Then I could show her my salt- and pepper-shaker collection. I gave some of them away to my dearest friends by my old house before the move, but I still have my favorites. I'm sure she would enjoy relaxing in the beautiful out-of-doors here, if only she could get away from her cell phone for a little bit.

Now, don't you forget about your old granny, you hear? You come and see me soon!

Hugs and kisses,

Grandma Silvie

Men and women expressing themselves differently.

Research in the last forty years shows that women

and men usually express themselves differently. In writing, women are supposed to use more dashes. But most research focuses on speech. Look at the following four language "functions" as probably expressed by men and women. Can you tell the difference between the two? Label the women's language "W" and the men's "M."

Suggestion:

______ Don't you think it's a little cold in here? Maybe we should turn up the heat.

______ It's cold. I'm going to turn up the heat.

Complaint:

______ We need to go out more. What do you say we go see a movie tonight?

______ I just feel like we never go out anymore. It's kind of depressing. Wouldn't it be nice to go out once a week or so?

Apology:

______ Oh. Sorry.

______ Oh, I'm so sorry. I didn't see your purse there. Here, let me help you pick up your things.

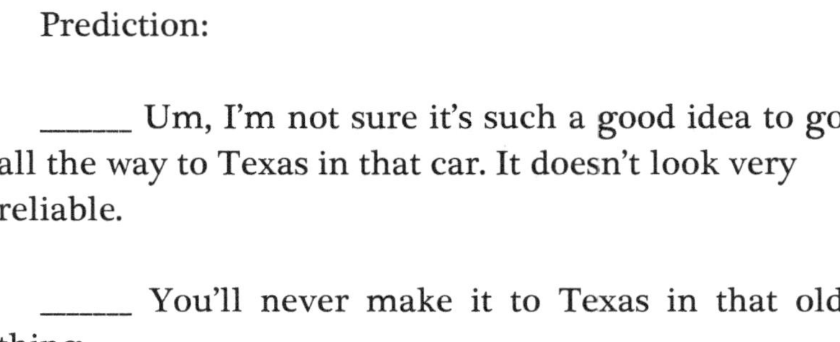

Prediction:

_____ Um, I'm not sure it's such a good idea to go all the way to Texas in that car. It doesn't look very reliable.

_____ You'll never make it to Texas in that old thing.

The answers are Suggestion 1 W 2 M, Complaint 1 M 2 W, Apology 1 M 2 W, Prediction 1 W 2 M. Now, not all men and women speak with such a marked difference in directness. Some researchers think the difference may not be naturally a difference between men's and women's speech but more a difference in power and powerlessness. In fact, there is some debate about how women bosses should speak. Apparently, some men are disturbed when these women speak with authority. But if she's the boss, she's supposed to give orders, right? And she'll probably have more to say than the people who work for her.

So here are some characteristics of the indirect language often associated with either women or with people who are not in a position of power:

Using why-questions or other roundabout ways to make a suggestion:

Why don't we go to the store today instead of tomorrow?

Your hair's getting kind of long, isn't it?

Limiting or qualifying what you say:
It seems like this wall is kind of crooked.
I think the pipes are leaking.

Use more correct and proper language:
One of the people who comes here disagrees with my writing grammar and etiquette books.
I like to say "goodness" or even "good gravy" rather than anything stronger.

So, put your new knowledge into practice: can you determine whether a man or woman wrote this article?

The dream man

Who do you think is the typical dream man—Brad Pitt or Gilbert Blythe? A muscle man or the guy next door? Popular wisdom says girls marry a guy who resembles their dad. According to a survey conducted by iVillage, property of NBC, girls want a muscular guy who is six feet tall, has brown eyes and dark hair, and doesn't have much body hair. Another British study showed guys may be even more demanding than women in their concept of a girl's perfect man. For a long-term relationship, girls chose a typical guy with a little extra weight while guys thought they would want the man with perfect hair and muscle tone.

Physical appearance probably becomes less important than personality factors as we get older. Older women hint that the number of requirements for a good partner decreases with age. One woman jokes on her blog about only requiring someone with good hygiene.

The 1950s song "Mr. Sandman" specifies that the dream man be cute and have soft lips and wavy hair. Other than that, he just had to really want a girl. Makes sense. Girls don't want to be tied to a guy who could "take or leave" her. Modern girls still want a sense of security. Besides having a college degree and making good money, he should love his mom and want his own family.

In fact, even younger girls are willing to sacrifice perfect looks provided a guy has a great personality. According to the iVillage study, the ideal man must balance contrasting with and complementing his girl. He should know how to do manly things but also enjoy shopping. He should be both funny and sensitive. Girls don't ask much, right?

We are generally attracted to someone who is similar to us and who we spend a lot of time with. In a December 2, 2014 article in *Psychology Today,* Noam Shpancer describes research findings by Shackelford, Schmitt, and Buss: women value "status, emotional stability, and intelligence" more than men. Intelligence and social skills are also deciding factors.

However, there's really no one definition of the dream man that will work for everyone. In the words of author Francoise Sagan, "There is no such thing as an ideal man. The ideal man is the man you love at the moment."

The dream woman

What is the ideal woman like? Is she slender or curvy? In control or carefree? The definition depends on who you ask. A popular men's magazine says guys want a girl with a big chest, no hips, long legs, and small feet. Sounds like a popular doll, right? A dating website that sells first dates tried to define the perfect woman based mainly on her physical appearance, education, and vices (such as a smoker), and the physical definition varied greatly from one person to the next. Some like blond hair, some brown, and some red. Some like blue eyes, others brown. So while physical appearance sure is important to men, there are many different definitions of physical beauty.

What about her personality: does that matter? The modern ideal woman must be educated and able to make money (quite a reversal of traditional expectations), but she shouldn't express her opinions too loudly. She should smile and laugh at a guy's jokes. But apparently, it doesn't matter what she's actually thinking or feeling, what her interests are, or what kind of character she has. But then again, it depends on who you ask. A Christian author surveyed groups of men across the country who agreed that a woman should take care of her appearance, show him respect, and be sincere. Many of them admitted that they are attracted to women who are not very discreet but said that they would advise their little sister to dress in a way that makes people value her personality over her body.

One mother told her son to look for a woman who would dress nicely, work hard, help others, and speak kindly (the "virtuous woman"). Modern psychology recommends looking for a woman you like a lot, but not someone perfect.

A girl who wants to attract a man as fast as possible might stop eating, stop talking, start smiling and laughing more in order to match up to the images of fake women posted all around highways and grocery stores. But these tactics will not help her to find true love. If you want to develop a long-term relationship, find a girl who takes care of herself, is a good friend, and enjoys life. And watch out for the color red.

To be a Christian or not to be

Around the year 60 AD, King Agrippa told the apostle Paul, "You almost persuade me to be a Christian." In the United States, seventy-five percent of adults consider themselves Christians, but what does it mean to be a Christian? Let me tell you the story of two people, and you can tell me who was a Christian.

One man was a political leader who made Christianity legal in his kingdom. He stopped sacrifices to pagan gods and had religious buildings constructed. When his subjects were divided over religious differences, he called a council to end the disagreement. He passed some humane laws, but he also had some of his family members executed.

Another man who lived hundreds of years later believed that the Bible, rather than the traditions of the established church, should determine what Christians would believe and do. He worked in hiding to translate the Bible into the language of the people. He was betrayed by a friend to the government, strangled, and burned at the stake.

Today, there are many different people who say they are Christians. Some believe in the authority of the Bible, and some do not. Some believe that Christ was God; some do not. A look at the history of early Christians shows many people dying for being a Christian. In some countries, people are still arrested and even killed for being Christians. But there are others who become rich by asking for money in exchange for prayers or blessings.

Christ said his followers would have problems and would be persecuted. Christianity isn't something you can use for financial or political advantage. The true Christian helps the widow and orphan, controls his words, stops sinning, Christ is not someone just to be admired or quoted but someone to follow and obey.

Christians are people who have exchanged their sin for Christ's righteousness. They are ambassadors for Christ, people who beg others to repent of their sin and to be reconciled to God.

Young girls sang as they were attacked by lions. They could have saved their lives provided that they deny their faith. But they did not. If you knew you might be killed for becoming a Christian, would you be publically baptized? Would you be proud to identify yourself with Christ?

Level Four Tests – Examenes del Nivel Cuatro

Estos son los exámenes para concluir este nivel y curso. Asegúrense de tomar su tiempo y completarlos correctamente. Una vez los hayan completado y estén completamente seguros que han terminado. Pueden presentarlos a un amigo de habla inglesa para que los revise y les diga si lo hicieron bien, o pueden enviarme un email con sus exámenes. Sin en algún punto, aun están dudosos, deberán repasarlo y asegurarse de dominarlo muy bien. Ustedes ya están listos para cualquier situación. Les felicito por haber llegado al final de este increíble método de aprendizaje. Es imperativo dominar a la perfección cada uno de los conceptos presentados en este nivel. ***Congratulations, You've made it!***

Test 1-2

Test 1.1: Add the correct prefix or suffix: er/or, in/im/un, full/less/ness.

That soccer (1) play___ was (2) __sane! He just kept arguing with the referree till he was kicked out of the game.

Yeah, it's (3) use__ to argue with a referee in these games, even if it was a bad call. It's (4) __possible to convince them they're wrong.

Well, I guess it would be embarrassing to admit you're wrong in front of everyone. But it's (5) __moral to lie about it!

Everyone lies nowadays. It's a widespread (6) sick__.

Test 1.2: Add the missing phrases to complete the conversation.

at last have them altered pretty well shall we something to do

Lucy: These pants fit ________.

Nora: Really? Mine are too long. I'm going to

________.

Lucy: Why not give them to me? It'll give me

________.

Nora: Okay. I'm just so happy to find some

jeans in my size. ________, a pair that isn't too tight or too loose!

Lucy: Pretty exciting! Well, I'm done.

________ go now?

Test 1.3: Read the text and answer the questions.

When you take a standardized test, you should start studying far ahead of time. Study a test-preparation book for short periods of time and practice a lot. You can find websites with exercises for many different tests. Make sure you get plenty of sleep the night before the test. No late-night studying!

Eat your breakfast, so you have plenty of energy. And remember to take regular pencils and a traditional pink eraser.

1. You should study ____.
- ❑ the night before the test
- ❑ only two or three times
- ❑ for one or two hours at a time
- ❑ for three or more hours at a time

2. On the day of the test, it's important to ____.
- ❑ eat breakfast
- ❑ take a pencil
- ❑ have lots of energy
- ❑ all of the above

3. According to the test, how can you prepare for the test?
- ❑ Study a dictionary.
- ❑ Practice online.
- ❑ Stay up late reading.
- ❑ Watch videos.

Test over units 3-5

Test 2.1: Complete the sentence with the appropriate form of the verb.

If only we ____________ (keep) our dog, he

would ____________ (protect) us from burglars.

I wish I ____________ (like) fish. It looks like that's

all we'll be eating this week.

You'd better ____________ (go) soon, or it'll be too dark to see the road.

Remember ____________ (call) me when you get home. I worry about you when you travel!

If only there ____________ (not be) so many speed

bumps, we would ____________ (be) there already.

If you ____________ (tell) me you had a test today,

I would ____________ (remind) you to study.

Your spelling is terrible, Dear. But take heart!

Santa Clause might ____________ (visit) you tonight and write your essay!

We were ____________ (watch—future of past) a movie, but the electricity went out!

You're supposed ____________ (go) to school tonight and talk to my teachers.

They'll give us free shipping, provided that we

____________ (spend) $100.

Test 2.2: Correct the verb errors.

I wish you can go to college.

The team were exhausted after the game.

If only he was here, he would fix everything.

Danielle has a great trainer in the competitions who always help her.

Which one of the ducks have a broken leg?

Test 2.3: Correct the prefix/suffix errors. There is one error in each sentence.

He had an inferiority complex in spite of his incredible leaderance skills.

Her generosity led to her popularship.

Being a factory employee is a necessity for memberance in this organization.

In her urgenceship, she forgot her prize from the championship.

She won a scholarity due to her incredible intelligence.

Test 6-8

Test 3.1: Write the verb in the correct form for future continuous or future perfect.

By the time we finish eating, the streets will

have been ____________ (plow).

At 10:00 p.m., Grandma will be ______________ (prepare) for bed.

Hopefully in May she'll be ____________ (graduate) from college.

Let's see. By that time, I should have

_____________ (finish) writing my thesis.

When you retire, Mayberry will be _____________ (celebrate) its 300th anniversary.

After this class, we'll be _____________ (enjoy) a cup a hot chocolate and some donuts in honor of our principal's birthday.

When will she arrive? She'll be _____________ (come) around that corner any minute now.

Just keep eating, and you'll have _____________ (eat) all your vegetables before you know it.

If you help me out, we'll have _____________ (finish) cleaning the house by noon.

This Saturday, I think he'll be _____________ (discuss) the importance of talking to your children.

Test 3.2: Write the correct form of the action word.

She can't help ____________ (fall) in love with you!

Out of revenge, they kept Mark from ____________ (see) the girl of his dreams.

I just can't get used to ____________ (eat) meat every day.

We really look forward to ____________ (spend) Christmas with you!

My son is very fond of ____________ (train) animals.

You have to consider the appropriateness of

____________ (insult) your neighbor.

Test 1-8

Test 4.1: Write the correct form of the action word.

I need to have my hair ______ for my sister's wedding (do).

As long as you ______ attention, you shouldn't have any problems on this job (pay).

I remember ______ Christmas cookies with Grandma (make). It was so fun!

My boy sure ______ pizza (like)! He asks to eat it every day!

Shall we ______ (go)? It's getting kind of late.

I don't have anything ______ to the party (take)! Can we stop and buy a present?

You're supposed ______ anyone who offers to help you (thank).

You should ______ (study) English before

______ (travel) around the world.

What if it ______ really cold (get)? Do you think

the baby might ______ (get) sick?

If we had ______ snacks, we wouldn't have to pay these high restaurant prices (bring).

If only she had ______ to me, she wouldn't be in so much trouble now (listen).

Please do ______ your dog with you (bring). We love pets!

I wish you ______ more patient with children (be).

In twenty years, we won't be ______ things with cash (buy).

They should have ______ the toll road (take). It's faster, and it's easier on your car.

Don't you ever ______ on the table again, young lady! (stand).

He talked for twenty minutes on the importance of

______ your teeth (brush).

You couldn't have ______ the whole cake (eat).

You'd ______ sick right now (be)!

By the time you get here, we'll have ______ all of our Thanksgiving supper (finish)!

Please try ______ here by 8 in the evening (be).

Test 4.2: Complete the conversation with the best adverb.

almost alwaysgenerally hardlymostly
next door pretty right away sure

1. Once upon a time, there was a beautiful girl

who was ______________ smart too.

2. She was. ______________ perfect, in fact,

3. because she was. ______________ kind, and she

4. ______________ did her work

5. . ______________. Almost, I say, because she loved animals more than people.

6. She could ______________ stand going to a party.

7. She ______________ was destined to remain single! But as it turns out,

8. the boy who lived ______________ liked animals more than she did.

9. And they were ______________ happy for the rest of their lives because, as Longfellow says, "into each life a little rain must fall."

Verb list – Lista de verbos

To accept – accepted – accepted - aceptar

To add – added – added - agregar

To advertise – advertised – advertised – promocionar

To advise – advised – advised - aconsejar

To affect – affected – affected - afectar

To applaud – applauded – applauded - aplaudir

To attach – attached – attached – adjuntar / adherir

To attack – attacked – attacked - atacar

To avoid – avoided – avoided - evitar

To beat – beaten – beaten - vencer

To bite – bit – bitten - morder

To blow – blew – blown - soplar

To boil – boiled – boiled - hervir

To bother – bothered – bothered – molestar / fastidiar

To break down – broke down – broken down – dañarse / romperse

To bring up – brought up – brought up – criar / educar / traer a colación

To call off – called off – called off - cancelar

To calm down – calmed down – calmed down - calmarse

To cancel – canceled – canceled - cancelar

To carry on – carried on – carried on – continuar / proseguir

To cause – caused – caused - causar

To charge – charged – charged – cobrar / cargar a una cuenta o tarjeta

To choke – choked – choked – ahogarse / sofocar

To climb – climbed – climbed – escalar / trepar / subirse

To confirm – confirmed – confirmed - confirmar

To consider – considered – considered - considerar

To continue – continued – continued - continuar

To cough – coughed – coughed - toser

To crash – crashed – crashed – chocar / estrellarse

To credit – credited – credited - acreditar

To criticize – criticized – criticized - criticar

To deal with – dealt with – dealt with – lidiar con

To delay – delayed – delayed - retrasar

To deliver – delivered – delivered - entregar

To depend on – depended on – depended on – depender de

To deposit – deposited – deposited - depositar

To destroy – destroyed – destroyed - destruir

To discover – discovered – discovered - descubrir

To double – doubled – doubled - duplicar

To doubt – doubted – doubted - dudar

To dry – dried – dried - secar

To envy – envied – envied - envidiar

To exist – existed – existed - existir

To flatten – flattened – flattened - aplanar / alisar / achatar

To hurry up – hurried up – hurried up - apresurarse

To ignore – ignored – ignored - ignorar

To imagine – imagined – imagined - imaginar

To increase – increased – increased - aumentar

To injured – injured – injured – lesionar / herir

To introduce – introduced – introduced – introducir / presentar a alguien

To join – joined – joined - unirse

To kick – kicked – kicked - patear

To lengthen – lengthened – lengthened – alargar / prolongar

To let go (of) – let go – let go – dejar ir / soltar

To lock – locked – locked – cerrar con llave / encerrar

To loosen – loosened – loosened - aflojar

To lower – lowered – lowered - bajar

To mash – mashed – mashed – amasar / triturar

To matter – mattered – mattered - importar

To mix in – mixed in – mixed in - mezclar

To murder – murdered – murdered – asesinar / cometer homicidio

To operate – operated – operated - operar

To order – ordered – ordered – ordenar / mandar / pedir / encargar

To owe – owed – owed – deber (cuando se tiene que pagar)

To pack – packed – packed - empacar

To peel – peeled – peeled - pelar

To pour – poured – poured – verter / echar / server (algo liquido)

To put off – put off – put off – posponer / postergar

To raise – raised – raised – levantar / elevar

To recognize – recognized – recognized - reconocer

To record – recorded – recorded - grabar

To regret – regreted – regreted - lamentar

To remind – reminded – reminded - recordar

To remind of – reminded of – reminded of – recordarse de

To require – required – required - requerir

To reserve – reserved – reserved - reservar

To rise – rose – risen – subir / aumentar / levantar

To ruin – ruined – ruined – arruinar

To run into – ran into – run into – chocar con /

encontrarse con (golpear, usualmente con un vehículo)

To run over – ran over – run over – atropellar (usualmente con un vehículo)

To rush – rushed – rushed - apresurarse

To sadden – saddened – saddened - entristecer

To select – selected – selected - seleccionar

To separate from – separated from – separated from – separarse de

To share – shared – shared - compartir

To ship – shipped – shipped – enviar / embarcar (enviar paquetes)

To shorten – shortened – shortened - acortar

To show up – showed up – shown up – llegar / aparecerse

To ski – skied – skied - esquiar

To skid – skidded – skidded – patinar / resbalar / deslizarse

To slow down – slowed down – slowed down – ir despacio / retrasar

To spank – spanked – spanked – azotar (dando nalgadas)

To spoil – spoiled – spoiled – echar a perder / dañar

To spread – spread – spread – untar / esparcir / propagar

To stare – stared – stared – mirar fijamente / quedarse mirando a alguien

To step in – stepped in – stepped in – poner un pie dentro de algo / entrar

To step on – stepped on – stepped on - acelerar / pisar

To stir – stirred – stirred – agitar / revolver / atizar

To strangle – strangled – strangled - estrangular

To sunbathe – sunbathed – sunbathed – tomar el sol

To surprise – surprised – surprised - sorprender

To suspect – suspected – suspected - sospechar

To take after – took after – taken after – ser como alguien / seguir los pasos de alguien (I take after my father – soy como mi padre)

To take away – took away – taken away – llevarse / quitar (quitarle algo a alguien y no devolvérselo)

To take over – took over – taken over – discutir algo

To threaten (with) – threatened – threatened – amenazar (con)

To throw up – threw up – thrown up - vomitar

To tighten – tightened – tightened - apretar

To trick – tricked – tricked – engañar / jugarle una broma a alguien

To triple – tripled – tripled - triplicar

To unlock – unlocked – unlocked – abrir un cerradura o candado / dejar libre

To use up – used up – used up – usar todo de algo / acabar

To warn – warned – warned - advertir

To wire – wired – wired – enviar dinero de un banco a otro / cablear

To withdraw – withdrew – withdrawn - retirar

To work out – worked out – worked out – salir bien (cuando algo da buen resultado) / hacer ejercicios

Grammar Summary

Lesson 1

Incomplete sentences – Oraciones incompletas

Present tense describing the past – Tiempo presente describiendo el pasado.

Present tense describing the past – Tiempo presente describiendo el pasado.

Present tense describing the past – Tiempo presente describiendo el pasado.

Nouns that end in "Er / Or" – Sustantivos que terminan en "Er / Or".

To have something + infinitive – Tener algo + infinitivo.

Adjectives – Adjetivos

Lesson 2

Adverbs – Adverbios

Forming nouns from adjectives – Formando sustantivos de adjetivos.

Forming nouns from adjectives – Formando sustantivos de adjetivos.

The suffix "ful" – El sufijo "ful".

Adjectives – Adjetivos

Cardinal points – Los puntos cardinales

Lesson 3

Conjunctions – Conjunciones

The suffix "ship" – El sufijo "ship"

The suffixes "y, ty, ity, nce, ncy" – Los sufijos "y, ty, ity, nce, ncy"

Future time in the past – Tiempo futuro en el pasado
Relatives pronouns – Pronombres relativos

Adjectives –Adjetivos
Adverbs – Adverbios
Lesson 4
The auxiliary verb "might" – El verbo auxiliar "might"
The expression "had better" – La expresión "had better".
Question word "which one of" + noun / pronoun – La palabra de interrogación "which one of" + sustantivo / pronombre
The pronoun "those of "+ pronoun + "who" – El pronombre "those of" + pronoun + "who"
Supposed to – Supuesto a / tener que
Collective nouns – Nombres colectivos
The verb "to try + infinitive / gerund" – El verbo "to try + infinitivo / gerundio"
Try + infinitive
Try + gerundio "ing"
The verb "to remember + infinitive / gerund" – El verbo "to remember + infinitive / gerund"
Adjectives – Adjetivos
Adverbs – Adverbios
Lesson 5
Giving advice – Dando consejos
Past conditions – Pasado condicional
The expression "if only" – La expresión "if only".
The verb "to wish" plus past perfect – El verbo "to

wish" más el pasado perfecto.

The verb "to do" and its uses – El verbo "to do" y sus usos.

Adverbs – Adverbios

Adjectives – Adjetivos

Lesson 6

The future progressive – El futuro progresivo

Using "The" with noncount nouns and the plural – Usando "The" con nombres que no se cuentan y con plural.

Use of "should have / shouldn't have" – El uso de "should have / shouldn't have"

Making commands stronger – Haciendo los mandatos más fuertes

Lesson 7

The gerund after prepositions – El gerundio después de preposiciones

Adjectives – Adjetivos

Lesson 8

Using "must have / can't have / couldn't have" – Usando "must have / can't have / couldn't have"

The passive voice – La voz pasiva

The future perfect – El futuro perfecto

Using "may have" in the future – Usando "may have" en el futuro.

Using "two-word" verbs – Usando los verbos de dos palabras.

The prefix "ex" – El prefijo "Ex"

Adverbs – Adverbios

Adjectives – Adjetivos

Answers to exercises – Respuestas de los ejercicios

Como terminaron sus exámenes y se aseguraron de dominar cada concepto, pueden verificar las respuestas al final del libro. Me he tomado la libertad de ofrecerles las respuestas de todos los ejercicios de cada lección asi también como los del examen de nivel. Pero no hagan trampa, solo ustedes pierden si hacen trampa. ***You have reached to the end of this incredible course.***

Lesson 1

Answers to Exercise 1.1:
reader
helper
reporter
shocker
driver

Answers to Exercise 1.2:
It's all gone. / They're all gone.
Are you hungry?
I'm coming. / We're coming.
Are you ready?
Are you new here?

Answers to Exercise 1.3:
to do

to say
to look forward
to talk
to work

Answers to Exercise 2.1:
way
pretty
sure
sure
way (*Sure* is possible as well.)
pretty
way
pretty/sure
way (*Sure* is possible as well.)
sure

Answers to Exercise 2.2:
powerful
happiness
crazy
useful
illness
dry
peace
emptiness
careful
sad

Answers to Exercise 3.1:
I'll write the preface as long as /provided that you

give me the outline.

They won't face as many hardships this winter provided that/as long as the pipes don't freeze.

They promise not to foreclose on the house provided that/as long as you make all of your payments from now on.

As long as/provided that you keep providing the materials, I'll be glad to make visuals for your class.

I'll give you free meals as long as/provided that you give me a discount on the rent.

Answers to Exercise 3.2:

e

b

a

c

d

Answers to Exercise 3.3:

Nce	(i)ty	ship
Distance	responsibility	fellowship
Prudence	safety	partnership

Answers to Exercise 4.1:

are supposed to

had better

might

had better

might

is supposed to

might

Answers to Exercise 4.2:
d
e
f
b
a
c

Answers to Exercise 4.3:
to take out
picking
eating
to pay
ordering

Answers to Exercise 5.1:
c
b
a
d
e

Answers to Exercise 5.2:
would have bought
had bought
had seen
could have installed/ would have installed
would have bought

Answers to Exercise 5.3:
question

negative
polite invitation
activity
emphasis

Answers to Exercise 5.4:
had waited
had told
had finished
had asked
had forgiven

Answers to Exercise 6.1:
Mom loves scarves. She wears them to church and parties. **The** scarf she likes most is a turquoise one with a paisley design. Right now, it's popular to wear scarves in many different ways in **the** United States, but she was **the** only person who wore them all the time a couple decades ago.

Answers to Exercise 6.2:
You should have sent
You should have bathed
should have reported
You should have gone
She should have gone

Answers to Exercise 6.3:
a
c
a

c

Answers to Exercise 6.4:
'll be working out
'll be having
will be crossing
'll be opening
'll be recovering

Answers to Exercise 7.1
laughing
jumping
taking
working
hearing
sewing
reading
eat
mixing
sleeping

Answers to Exercise 8.1: (Answers will vary. Suggested answers are as follows.)
could have
may have
couldn't have
must have

Answers to Exercise 8.2:
will have gone

will have made
will have eaten
will have been/gotten frustrated
will have been adopted

Answers to Exercise 8.3:
gave
try on
turn
talk

Answers to Level Four Tests – Respuesta de los Examenes del Nivel Cuatro

Answers to Test 1.1:
er
in
less
im
im
ness

Answers to Test 1.2:
pretty well
have them altered
something to do
At last
Shall we

Answers to Test 1.3:
for one or two hours at a time
all of the above
Practice online.

Answers to Test 2.1:
had kept; have protected/protect
liked
go
to call
weren't; be

had told; have reminded
visit; write
going to watch
to go
spend

Answers to Test 2.2:
can → could
were → was
was → were
help → helps
have → has

Answers to Test 2.3:
leaderance → leadership
popularship → popularity
memberance → membership
urgenceship → urgency
scholarity → scholarship

Answers to Test 3.1
plowed
preparing
graduating
finished
celebrating
enjoying
coming
eaten
finished
discussing

Answers to Test 3.2:
falling
seeing
eating
spending
training
insulting

Answers to Test 4.1:
done
pay
making
likes
go
to take
to thank
study; traveling
gets; get
brought
listened
bring
were
buying
taken
stand
brushing
eaten; be
finished
to be
Answers to Test 4.2:

pretty
almost
generally
always
right away
hardly
sure
next door
mostly

Conclusión

Muchas gracias por seleccionar el *Curso Completo de Inglés – Nivel Cuatro* por Yeral E. Ogando para su aprendizaje. Por fin, han llegado al final de este increíble curso, por lo tanto, ya pueden hablar inglés fluido y están listos para cualquier situación o conversación en inglés.

Les exhorto que continúen practicando y hablando inglés en todo momento, ya les he dicho que la Practica hace al Maestro. Visiten mi pagina de internet para más información.

God bless you and see you next time.

Dr. Yeral E. Ogando
www.aprendeis.com

BONO GRATIS

Estimado Estudiante,

Necesitas descargar el audio MP3 para usar este increíble método para aprender inglés. Visita este link:

http://aprendeis.com/ingles-audio-nivel4/
Usuario "4ennivel4"
Contraseña "4en42016"

Solo tienes que descargar el archivo comprimido, descomprimirlo y estas listo para iniciar tu experiencia al mundo del inglés.
Si quieres compartir tu experiencia, comentario o possible sugerencia, siempre podrás contactarme a info@aprendeis.com

Muchas gracias por estudiar el *Curso Completo de Inglés - Nivel Cuatro* y por escuchar mis instrucciones.

Caros afectos,
Dr. Yeral E. Ogando

Otros libros escritos por Yeral E. Ogando

Conciencia: El Héroe Dentro de Ti

Curso Completo de Inglés – Nivel Uno
Curso Completo de Inglés – Nivel Dos
Curso Completo de Inglés – Nivel Tres

Yeral E. Ogando Proviene de un origen muy humilde y continúa siendo un humilde siervo de nuestro Señor Todopoderoso; entendiendo que no somos más que recipientes y el Señor nos llama y nos envía también a hacer Su trabajo, no nuestro trabajo. Lucas 17:10 "Así también vosotros, cuando hayáis hecho todo lo que os ha sido ordenado, decid: Siervos inútiles somos, pues lo que debíamos hacer, hicimos".

El Señor Ogando nació en el Caribe, República Dominicana. Es el padre amado de dos bellas chicas Yeiris y Tiffany.

Jesús le trajo a Sus pies en la edad de 16-17 años. Desde entonces, ha servido como Co-pastor, Pastor, profesor de la Biblia en las escuelas, consejero de jóvenes, plantador y fundador de iglesias. Actualmente está sirviendo como Secretario para la Iglesia Reformada Dominicana así como de enlace para Haití y EE.UU.

Fluido en varias lenguas el Señor Ogando es el Creador y dueño de un Ministerio de Traducción Online que opera desde el 2007; con traductores cristianos Nativos en más de 25 países.

(www.christian-translation.com),

Lo más apasionante acerca de su Ministerio de Traducción es que miles de personas están recibiendo la Palabra de Dios en su lengua nativa diariamente y cientos de ministerios logran llegar al mundo a través del trabajo de Christian-translation.com junto con su red de traducción de 17 sitios web relacionados con traducciones cristianas, a diferentes lenguas.

www.ingramcontent.com/pod-product-compliance
Lightning Source LLC
Chambersburg PA
CBHW031549040426
42452CB00006B/251
* 9 7 8 1 9 4 6 2 4 9 0 1 2 *